Manfred O. Klein

Aktien à la carte

Mit ausgewählten bundesdeutschen und
allen saarländischen Hauptversammlungen

Aktien à la carte

Manfred O. Klein

Aktien à la carte

Mit ausgewählten bundesdeutschen und allen saarländischen Hauptversammlungen

Kostenlos in Aktien:
Essen und Trinken, *****Hotelaufenthalte,
Bus-, Bahn-, Schiffsreisen, Handys, Uhren,
edle Weine, Bargeld...
100 % Rendite und mehr in wenigen Wochen

Aktien à la carte

Kontaktadresse
**Verlag Manfred O. Klein
Postfach 100911
D-66009 Saarbrücken
E-Mail: info@aktien-a-la-carte.de
URL:http:www.aktien-a-la-carte.de**

ISBN 3-00-009173-4
Manfred O. Klein-Verlag

Dieses Werk ist urheberrechtlich geschützt.
Alle Rechte vorbehalten. Nachdruck, auch auszugsweise, nur mit Genehmigung von Autor und Verlag.

Stand der Aktienkursangaben: Frühjahr 2002

© Manfred O. Klein 2002 Printed in Germany
Herausgeber und Verlag, Saarbrücken
Karikaturen: KOPP, Saarbrücken
Druck: Bliesdruckerei, Peter Jung GmbH
Bestellungen über:
BACKGROUND-Verlag, 66119 Saarbrücken, An der Christ-König-Kirche 8
Tel. 0681-92743-0,
blesa-Verlag, 66440 Blieskastel, Auf Scharlen 3-5, Tel. 06842-509-173,
das Internet: www.aktien-a-la-carte.de   oder
Manfred O. Klein-Verlag, 66009 Saarbrücken, Postfach 100 911

Inhalt   Seite

Vorwort 11
Deutschlands Städtebutterreisen besserer Leute 15
Der Weg zum Aktionär 31
Saar-Aktionär für 500 Euro, so geht's 31
Kurzanleitung zum Aktienkauf 36
Privatbörse: Aktien privat kaufen und verkaufen 37
Eintrittskartenbestellung • Das Ticket zur Hauptversammlung . 41
Alle Macht den Banken? 42
Tickets nur im Vorverkauf 42
Vollmachten zum Vergnügen 45
Eintrittskartenbestellung mit effektiven Aktienurkunden .. 46
Welche Sorte darf's denn sein? 51
Der Weg zum Glück mit einem effektiven Stück 53
Condomi AG 57
Eine Lustreise nach Köln 60
Banken, Sparkassen, Direktbanken 65
Internet - der Informationslieferant 67
Börseninformationen und Analysten 68
Die Aktie ein Wertpapier, welchen Wert hat das Papier? ... 71
Mit Aktien gut essen und gut schlafen, wie geht das? 73
Der siebte Sinn, Spürsinn oder Wahnsinn? 75
Breit gestreut - Streubesitz 76
Überraschungen 76

Die Manege der Hauptversammlung **78**

Welche Vorstellung wird geboten? 79

Die Abstimmung oder die Stunde der Wahrheit 84

Organe der Gesellschaft 85

Präsenzzone 88

Wortmeldung • Zwischen Imagegewinn und Prestigeverlust 90

Anderer Meinung 97

Das Saarland **99**

Die saarländischen Gourmet-AGs **104**

V&B AG 107

Infor Business-Solution AG 111

IDS Scheer AG 116

Praktiker AG 125

MTD AG 129

Neufang Brauerei AG 133

Orbis AG 137

Horten AG 139

Massa AG 141

Kaufhalle AG 143

Deutsche Bank Saar AG 145

Hauptversammlungen im Saarland 146

Geheimtipp in Grenznähe: Wasgau AG 147

Saar-Aktionär inkl. „Pälzer Geheimtipp" **151**

Aktien à la carte

Happy Börsday **152**

....was sagen Personen aus der Wirtschaft dazu **153**

Wer organisiert Hauptversammlungen? **163**

Aktien à la carte Bonbon: Mannheimer Holding AG 164

Und wie ging's 2002 weiter **173**

Siemens AG 173

Sektkellerei Schloss Wachenheim AG 177

MVV Energie AG 190

Ungeheure Steuern oder das Steuerungeheuer? **199**

Spekulationssteuern 200

Aktionärsfahrt steuerlich 201

Aktionärssteuern 203

Halbeinkünfteverfahren 205

Geldwäsche **207**

Das letzte Ma(h)l • Squeeze-Out • Die Henkersmahlzeit? **211**

Der Weg zur AG **214**

Umwandlung mit Hindernissen 215

Von der GmbH zur AG 217

Die Saarland AG **232**

Hauptsach gudd gess un gedrunk **235**

Manfred O. Kleins 10 goldene Regeln **237**

Dankesworte **238**

KULINARISCHE LECKERBISSEN

Aktien à la carte

Vorwort

Ein Büfett mit den erlesensten Speisen und ausgewähltesten Getränken, mit exzellenter Bedienung in luxuriöser Atmosphäre, so wurde man auf der Hauptversammlung der Steigenberger AG im *****Hotel Frankfurter Hof verwöhnt. Alles umsonst und völlig stressfrei, kein Kellner zählt die Getränke, stört nicht mit der abschließenden Frage: „alles zusammen oder getrennt", sondern „darf es noch ein Espresso, Capuccino oder etwas anderes sein?".

Happy „Börsday" to you....Ein traumhafter Aufenthalt bei Dorint am Geburtstag. Nach einem kulinarischen Feuerwerk im aufwendig dekorierten Festsaal gab es noch die Übernachtung zu Mini - Tarifen in den Luxushotelbetten im neu eröffneten *****Hotel in Neuss, Aufenthalt im Wellnessbereich inklusive, mit neuen Bekanntschaften und anregenden Gesprächen mit einer weitgereisten Flugzeugcrew, gerade zurückgekommen von Barbados, die sich auch hier entspannte...

Solche Geburtstagspartys hatte ich noch nie zuvor erlebt. Ausgelassene Gäste, keine Vorbereitung, keine Vorbestellung, Genuss ohne Reue, das war wie im siebten Himmel, immerhin war es ja auch ***** Sterne - Komfort. Was mich das alles gekostet hätte. Und meine Gäste hatten ein absolut gutes Gewissen. Man spürte es förmlich, dieses „dass so etwas überhaupt möglich ist"! Und Geschenke gab es auch noch.

Eine Vielzahl solcher und ähnlicher Ereignisse auf Hauptversammlungen brachte mich zu der Erkenntnis: das ist ein absoluter Renner!

Als begeisterter Saarländer ist mir ja unsere Devise „Hauptsach gudd gess un gedrunk" ein wichtiger Bestandteil meines

Aktien à la carte

Lebens. Weil ich diese Erlebnisse gerne teile und Saarländer gerne etwas unternehmen, habe ich mich zum Schreiben dieses Buches entschlossen. Mittlerweile gibt es im Saarland elf für das breite Publikum zugängliche Aktiengesellschaften mit mindestens einmal jährlich stattfindenden Hauptversammlungen. Das war für mich die Motivation, diese Ausgabe von „Aktien à la carte" herauszugeben, mit vielen genussreichen Beispielen auch aus anderen Bundesländern, um den Appetit auf mehr anzuregen.

Aktionär werden, Interesse wecken an der Wirtschaft im eigenen Land und sich neue Freizeitmöglichkeiten erschließen, das ist das Ziel dieses Buches. Nicht das Spekulieren, sondern das Amüsieren mit Aktien, „Gourmetwert statt Kurswert", „Schweinelende statt Dividende", „der Lachswert ist entscheidend", also der Erlebniswert der Aktie, darum geht es.

Nach der ernüchternden Börsenentwicklung in der letzten Zeit wird hier die erheiternde Seite des Aktienbesitzes serviert, die es unabhängig von Kursschwankungen gibt, den „Shareholder Value" für Genießer. Gerade durch die teilweise so niedrigen Aktienkurse ist diese Form der Anlage besonders interessant geworden. Für alle Nicht - Saarländer bietet es einen Einblick in die saarländische, von französischer Mentalität geprägte Lebensart und zeigt die Vorzüge dieses kleinen, innovativen Landes im Dreiländereck Saar-Lor-Lux.

Viele Fragen werden an mich gestellt: Wie wird man Aktionär, wie kann man an der Hauptversammlung teilnehmen, was muss man beachten? Um diese Fragen zu beantworten und den Erwerb der Aktien zu erleichtern, werden für den Anfänger alle notwendigen Schritte ausführlich und unterhaltsam geschildert. Auch an den Unternehmer wurde gedacht, schließlich gibt es Aktien nur, wenn es auch entsprechende Aktiengesellschaften gibt. In einem Leitfaden werden die Vorteile und der Weg zur AG ausführlich geschildert, damit es in Zukunft nicht nur eine gut florierende Wirtschaft, sondern auch noch viel Genussreiches und Interessantes von Hauptversammlungen zu berichten gibt.

Das vorliegende Werk habe ich der Unterstützung und Geduld meiner Eltern, Freunde und Bekannten, toleranten Mitaktionärinnen und -aktionären, aber auch vielen Aufsichtsräten, Vorständen und Mitarbeitern namhafter Gesellschaften zu verdanken, die mich fortwährend ertragen, bekämpft, toleriert, aber auch unterstützt haben. Erst durch sie ist diese Veröffentlichung möglich geworden. Danke auch für die faire Berichterstattung in den Medien, speziell die von Wirtschaftsredaktionen, denen ich es auch nicht immer leicht mache.

Insbesondere danke ich Martina, die mich tatkräftig unterstützt hat und der ich auch wesentliche Teile dieser Veröffentlichung zu verdanken habe.

Aktien à la carte

STEIGENBERGER HOTELS AG
Hauptversammlung am 29. Juni.2001

Mittagsbuffet

Harmonie von Hummer, Pochiertem Lachs und Königskrabben
an grünen Spargelspitzen mit Zitronen-Pfeffersauce
Steinbeißerfilet mit einem Karotten-Korianderhäubchen auf schwarzen Bohnen
und Bambussprossen
Auswahl feinster Pasteten und Terrinen mit Calvadosäpfeln und Babyananas
Gebratene Perlhuhnbrust mit Safranbirne und Cumerlandsauce
Bayonner Schinken und Parmaschinken mit Grissini und Melonenschiffchen
Entenballontine und Rosa Barbarie Entenbrust an Linsensprossensalat

Avocado-Shrimpssalat, Artischockensalat mit Wachteleiern
Lauch-Apfelsalat mit Joghurt
Arrangement von Blattsalat, Rohkostsalat, Sprossen und Keimlingen
Thymiandressing, Sherry-Essigdressing, Brombeer.Roquefortdressing

Unser Koch tranchiert für Sie frisch am Buffet:
Milchlammkeule mit frischen Thymianzweigen geschmort
tourniertes Sommergemüse und pommes macaire

Leichtes und Bekömmliches aus dem „Land des Lächeln"
Streifen vom Seidenhuhn
frisches sautiertes Gemüse, Shi-Take-Pilze und Cashew-Nüsse in
Austernsauce

Dorade „Rouge"
auf Zitronengras-Joghurtsauce
Muskat-Blattspinat, roter Duftreis

Variation von frischen Garigette Erdbeeren
Rote Grütze mit Vanillesauce
Pyramiede von exotischen Früchten
Duett von Mango und Schokoladenmousse
Himbeer-Quark-Charlotte umlegt mit Waldhimbeeren

Franz. Livarot, selles-sûr-Cher mit Winzertrauben

Nußbrot und Sesambrot, gesalzene Butter

Aktien à la carte

„Deutschlands Städtebutterreisen besserer Leute"

*München•Berlin•Köln•Hamburg•Berlin•Tegernsee
Wiesbaden•Mainz•Frankfurt•Stuttgart•Augsburg
Hagen•Düsseldorf•Dortmund•Norderney
Ludwigshafen•Mannheim•Nagold•Aachen
BadNeuenahr•Baden-Baden•Hannover
Wietmarschen•BadHomburg•Tauberbischhofsheim
Trier•Pirmasens•Zweibrücken•Merzig•Saarbrücken*

*Heute hier - morgen dort,
am nächsten Hauptversammlungsort.
Als Aktionär kann man gut reisen,
durch's ganze Land zu kleinen Preisen
und dabei noch köstlich speisen.*

Aktien à la carte

Mit Aktien quasi Unternehmer werden und vor allem eines machen - viel unternehmen!

Als ich vor Jahren die ersten Hauptversammlungen besuchte, war ich völlig überrascht, welche Freizeitmöglichkeiten, kulinarischen Erlebnisse und Überraschungswerte in einer Aktie stecken können.
Nicht nur im Handel mit sondern in Aktien selbst stecken verborgene Werte; mit ihrem Erlebniswert, den darin enthaltenen Naturaldividenden oder auch als Sammlerstücke in Form von effektiven Aktienurkunden bieten sie wahre Schätze. Einige „Schatzsucher" sind seit Jahren schon mit wachsender Begeisterung mit deren „Bergung" tagein, tagaus beschäftigt.
Ganztägige Freifahrten mit allen öffentlichen Verkehrsmitteln, beispielsweise im Großraum München, Frankfurt, Düsseldorf, Berlin, Köln oder Mannheim; auch auf hoher See, mit einer sonst teuren Fähre der eigenen Reederei (**Norden Frisia AG** WKN 820 450) auf die Nordseeinsel Norderney hin und zurück, freies Parken den ganzen Tag in teuren Parkhäusern, freier Eintritt in Museen, Schlösser und Sehenswürdigkeiten; edle Weine, Mützen, T-Shirts und andere Bekleidung, Zucker, Marmelade, Handtücher, Regenschirme, billige und edle Kugelschreiber, limitierte Uhren, gelabelte Rollenkoffer, Bücher, Schwarzwälder Schinken, kiloweise Salami, Telefonkarten, Pralinen, Sekt, kostenloses Frühstück, Mittag- und Abendessen in jeder Ausführung, organisierte Werks- und Städterundfahrten, Besuche im Zoo oder im Spielzeugmuseum, kostenlose Reisenotfallversicherungen das ganze Jahr über bei jeder Reise, und hört nicht auf bei dem kostenlosen Telefon in der Tasche, dem Handy mit Telefonnummer und

Aktien à la carte

freigeschalteter Karte, Bier in Fässern und in Kästen, sogar Kondome und Aktien, das sind Naturaldividenden!
Sie glauben gar nicht, was in Aktien so alles steckt! Letztlich sogar der Aktionär selbst, von Kopf bis Fuß bestehend aus Naturaldividenden seiner eigenen Unternehmen.

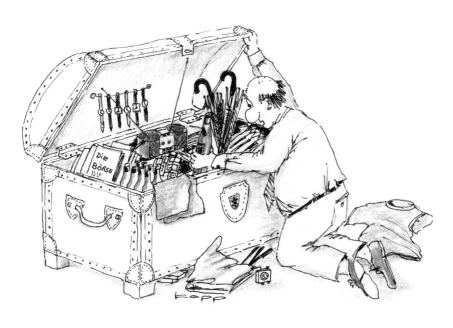

Die Naturaldividende besteht aus dem Erlebniswert der Aktien, den kleinen oder großen freiwilligen Geschenken der eigenen Gesellschaft und der Beköstigung für die Aktionäre mindestens einmal im Jahr. Gibt es etwas Außerordentliches zu beschließen, auch öfters. Die Hauptversammlungen können entsprechend der Satzung am Firmensitz, einem deutschen Börsenplatz oder, wenn es die Satzung hergibt, an beliebigen anderen Orten Deutschlands stattfinden. So kann man bei-

Aktien à la carte

spielsweise auch schon mal die verschiedenen Hotels seines Unternehmens kennen lernen, wie zum Beispiel bei der **Dorint AG** (WKN 554 620), ob in Neuss, bei der Neueröffnung ihres Hotels oder in Bad Neuenahr, in Aachen oder in Berlin-Potsdam. Hier wurden die aus dem gesamten Bundesgebiet angereisten Aktionäre im Anschluss an die Hauptversammlung sogar noch mit bereitstehenden Bussen zur Besichtigung von Schloss Sanssouci gefahren mit einer anschließenden Stadtbesichtigung Potsdams, alles kostenlos natürlich. Wahre Hauptversammlungs - Feste mit Dr. Herbert Ebertz, eben eine Idee persönlicher.

So kamen Sie beispielsweise als Teilnehmer der Hauptversammlung der **F&G AG, Köln** (WKN 576 690) schon mal in die Nähe der Aufnahmestudios der Harald Schmidt Show, mit der **MVV-Energie-AG** nach Mannheim, mit der **Sektkellerei Schloss Wachenheim** nach Stuttgart, mit der **Siemens AG** nach München.

Mit der Aktie der **AHAG-Wertpapierhandelsbank AG** (WKN 501 330) zur Buschmühle an einen idyllischen See im früheren Bundesgartenschaugelände in Dortmund, mit der **Park & Bellheimer AG** in das nahe gelegene Zweibrücken, direkt an den Rosengarten, mit der **DBV-Winterthur Holding AG** (WKN 841 690) in das historische Kurhaus Wiesbaden.

Pro 7 SAT 1 Media AG (WKN 777 117) hat eingeladen in die Reithalle nach München, dort angekommen glaubten Sie, mit Ihnen und Dr. Georg Kofler würde in diesen Produktionshallen ein neuer Film gedreht. Stimmte sogar, und der wurde gleich einem weltweiten Millionen-Publikum serviert - live im Internet von der Hauptversammlung selbst.

Aktien à la carte

```
RMV KombiTicket
Willkommen zur Hauptversammlung
DBV-Winterthur Holding AG
Gültig im gesamten Verbundgebiet       Preisstufe 07
Es gelten die Gemeinsamen Beförderungsbedingungen und Tarifbestimmungen
Gültig vom  11.12.01
       bis  11.12.01
                                       inkl. gesetzl. MwSt.
ESWE                        002730-8
```

Und da ist mir doch schon gleich am frühen Morgen schlecht, von so viel Eis... und das schon zum Frühstück. Magnum, alle Sorten, das war einfach zu viel, stöhnte eine Mitaktionärin. Aber gut war er trotzdem, ihr Eistag in Mannheim bei unserer „Süßen", der **Südzucker AG** (WKN 729 700).

Sie waren noch nicht im Deutschen Bundestag? Kein Problem! Zumindest in den „Alten in Bonn" kommen Sie jetzt kostenlos mit Bussen und Bahnen im gesamten VRS-Gebiet, durch Aktien der **IVG Holding AG** (WKN 620 570), zur Hauptversammlung im alten Bonner Bundeshaus oder mit der VEH AG (WKN 760010) in das Hilton Hotel in Karlsruhe.

Oder nach Bingen am Rhein in die Fußgängerzone,

...und die schönen saarländischen Hauptversammlungen.

Die frühere ASKO AG hat es damals in Saarbrücken allen vorgemacht, in der stets überfüllten Saarlandhalle. Schlemmen was die Asko an Kulinarischem zu bieten hatte, das war einfach toll. Solche Hauptversammlungen werden mir noch lange in angenehmer Erinnerung bleiben.

Von Saarbrücken bis Berlin, vom Tegernseer Tal in einem feinen Hotel mit der **TAG Immobilien-Beteiligungs-AG** (WKN 830 350) bis nach Wietmarschen in Niedersachsen in einer Fabrikhalle der **Done Projekt AG** (WKN 509 890) lernt man so Land und Leute kennen. Deren Catering oder kulinarisches Angebot war nicht minder gut. Für einen Euro, damals noch etwa 1,95 DM, so viel kostete die Aktie seinerzeit, eine tolle Rendite und ein gelungenes Fest! Es wurde gleich noch einmal wiederholt, wegen Fehlern in der Hauptversammlung, und es gab wieder das Gleiche. Auch nicht schlecht für die Kleinaktionäre, also für einen Euro gleich zwei Mal hintereinander in derselben Stadt mit derselben Aktie im selben Jahr, pro Fest 50 Cent, eine noch bessere Rendite!

Wenn Sie einmal im Jahr Ihre Cousine im westfälischen Hagen besuchen wollen, könnten Sie sich doch auf der jährlichen Hauptversammlung der **Douglas AG** (WKN 609 900) bei feinen Düften verabreden. Da verpassen sie sich garantiert nicht, treffen sich bei Freibier und freiem Essen in angenehmer Gesellschaft, haben keinen Kaufzwang und bekommen höchstens einige neue Anregungen. An diesen Besuch haben Sie dann wirklich nette Erinnerungen und auf dem Weg nach Hause vielleicht noch feine Düfte in der Nase und in der Tasche. Der Termin steht schon lange vorher fest, so werden einem lästige Entscheidungen oft abgenommen.

Das waren noch Zeiten, als D2, seinerzeit bekannt als **Mannesmann AG**, (heute umfirmiert in **Vodafone AG** (WKN: 656 030) exklusiv den in den Düsseldorfer Messehallen erschienenen Anteilseignern per Karte kostenlos wochenlangen, und wer wollte auch länger, den damals noch echt teuren Zugang von Aktienkursen direkt auf das Handydisplay anbot! Auch die Aktien waren zu dieser Zeit noch teuer. Heute nach Aktiensplitt und Vodaphone (**Vodafone Group PLC SHARES**, WKN: 875 999), ist alles anders, auch in Düsseldorf ist man nicht mehr, aber in England!! Dahin soll es ja jetzt billige Flüge ab Deutschland geben...! Und da der HV-Termin lange vorher bekannt ist, kann man früh und günstig buchen und auch im sonst zur Zeit teuren Königreich kostenlos essen und trinken - sagt man.

Promille statt Prozente

so bei der Hauptversammlung der **Park & Bellheimer AG** (WKN 690 200) im pfälzischen Pirmasens. Statt Bardividenden – es läuft eben momentan nicht so gut mit dem Bierverkauf – wurde das Bier gleich kastenweise an die auf der Hauptversammlung erschienenen Aktionäre verschenkt. Allein von dem Pfanderlös nach dem Genuss des letzten Tropfens konnte man zu dem Preis von 1,50 Euro gleich mehrere Aktien nachkaufen. Ja, das ist alles schon ein bisschen verrückt.

Razz fazz - ohne Einsatz einfach gewonnen

Was man so alles von einer Hauptversammlung mit nach Hause bringt........, beispielsweise ein kostenloses Wochenende im *****Sterne Dorint-Hotel nach Wahl für 2 Personen. Einfach so gewonnen von dem, der die vom **Dorint AG** Aufsichtsratsvorsitzenden und Hauptaktionär Dr. Herbert Ebertz aus Köln gestellte Frage als Erster richtig beantwortete. So bei einem Rundgang, als er im Anschluss an die Hauptversammlung den angereisten Aktionären selbst das neueste Hotel vorstellte.

Bares lacht..... 100,--DM geschenkt vom Boss persönlich
- direkt und steuerfrei -

So geschehen beim Schokoladenkönig Dr. h.c. mult. Hans Imhoff auf der Hauptversammlung der **Stollwerck AG** (WKN

728 000) im voll besetzten historischen Kölner Gürzenich - bei einer wahren Kultveranstaltung. Wie kommt man sonst da hinein und was muss man dafür bezahlen? Bei laufenden Kameras gab es Bares von der Bühne, als die Frage vom „Chef" nach dem Kurs der Stollwerck-Aktie vom Vortag von einem Aktionär richtig beantwortet wurde. Dort gab es keine Gegenstimmen - da traute sich eben keiner! Auch um den Eintritt ins Kölner Schokoladenmuseum mussten sich Stollwerck-Aktionäre nicht kümmern, die Eintrittskarten gab es auf einer Hauptversammlung noch zu den vielen Süßigkeiten einfach dazu. Hätten Sie das gedacht? ....und es gibt noch mehr....viel mehr....!

Oft kann man sagen - wobei Ausnahmen die Regel bestätigen - je kleiner die Aktiengesellschaft, um so besser die Bewirtung - je schlechter die Ergebnisse oder der Kurs, desto fülliger das Büfett oder die Naturaldividende.
Das muss natürlich nicht immer so sein, aber kann schon. Wenn man also keine guten Zahlen vorzuweisen hat, will man dies die Aktionäre nicht auch noch auf der Hauptversammlung spüren lassen. So beispielsweise auch bei der **Kölner net AG** (Wertpapierkennnummer 786 740), als die ihren angereisten Aktionären das Handygeschenk, ein WAP-Handy C 35i der Siemens AG inklusive freigeschalteter Telefonkarte mit eigener Nummer, auf dem alljährlichen Aktionärstreffen begründete. Das wurde mit dem Sponsor einfach so ausgehandelt.
Gesellschaften haben Respekt davor, dass bei schlechter oder ausgefallener Dividende und gesunkenen Kursen die Aktionäre zusätzlich gereizt werden und von der Hauptversammlung aus womöglich noch einen schlechten Pressetick aussenden,

das wäre fatal. So hat beispielsweise **Praktiker**, deren Aktionäre auch nicht immer ganz zufrieden mit dem Aktienkurs waren, meterhohe Wände mit Werkzeugen an ihre Aktionäre verschenkt, die sogar mit Kinderwagen zum Plündern kamen. Da bekam so mancher Sicherheitsbeamte Schweiß unter die Achseln als er zusehen musste, dass zwar am Eingang sogar die kleinsten Taschenmesser kontrolliert wurden, drinnen aber nach dem Sicherheitscheck während der Hauptversammlung ganze Bolzenschneider, Schraubenzieher, Hämmer, Teppichmesser und sonstiges Werkzeug in rauhen Mengen offen von den erschienenen Aktionären im Saal herumgetragen wurden. Ein absurdes, aber köstliches Erlebnis in der Saarbrücker Kongresshalle. Seit dieser Zeit wurden auch nur noch kleine Werkzeuge verschenkt.

Die Bewirtung ist aber auch heute noch gut, ist ja auch ungefährlich - außer für's Gewicht. Und zufriedene Aktionäre kaufen die Waage für dessen Kontrolle eben doch eher bei ihrem eigenen Unternehmen.

Da gab es doch Aktionäre, die gingen mit einer Aktie auf eine Hauptversammlung und kamen mit zwei Aktien wieder heraus. Geht nicht gibt's nicht, würde nicht nur Praktiker sagen, geht doch!
So anlässlich der Beerdigung der Vorzugsaktien der **SAP AG** (WKN 716 460) auf der Hauptversammlung im Mannheimer Rosengarten. Hier wurde die „eingestampfte" Aktie als effektives Sammlerstück jedem erschienenen Aktionär als zusätzliche Naturaldividende knitterfrei mit nach Hause gegeben.
Da haben Prof. Dr. h.c. Hasso Blattner, Prof. Dr. Henning Kagermann und Kollegen wirklich Forderungen und Wünsche kleiner Aktionäre erfüllt.
Meine damalige, in meinem Redebeitrag auf der Hauptversammlung vorgestellte Interpretation des Namens SAP mit
– **S**chafft **A**ktionären **P**rofite –,
die mit großem Applaus der Aktionäre aufgenommen wurde, ist für die Gesellschaft hoffentlich Motivation und Ansporn zugleich, sich künftig noch mehr einfallen zu lassen.
Bei dieser „Mannschaft" sind die Aussichten darauf gut!

Der Augenschmauss als blühende Dividende

Geschmückte Hallen zur Hauptversammlung signalisieren fette Beute.
„Mann" hat ja Zeit, und das könnte sich lohnen für die bis

zuletzt auf der Hauptversammlung verbliebenen Aktionäre: es wird abgeräumt im wahrsten Sinne des Wortes. Getreu dem bekannten Spruch: die Letzten werden die Ersten sein. Wertvoller Blumenschmuck von festlich gedeckten Tischen, der Bühne und anderen ausgeschmückten Räumen sucht eine neue Verwendung und Unterkunft. Beute, die bestens geeignet ist für Geburtstage, Hochzeitstage oder Beerdigungen oder als kleine Aufmerksamkeit für die Freundin, weil man wieder so lang geblieben ist. Oder zur eigenen Freude an einem gelungenen Unternehmertag, wenn man sonst schon nichts für sich selber im Blumenladen kauft, schon gar nicht in dieser Qualität. Was so ein Strauß oder Gesteck ansonsten im Blumengeschäft kostet, was für eine Rendite!!!

Bevor Sie aber die grünen Gestecke einstecken oder die blühende Dividende einkassieren, die Sie schon länger im Auge hatten, warten Sie lieber auf ein Signal zum Abbau oder fragen Sie an der Information nach, sonst sind auf einmal alle Blütenträume ausgeträumt. Manchmal, aber nicht immer, ist das Personal froh, wenn nach der langen Schlacht nicht alles wieder erneut eingepackt und herausgetragen werden muss. Die wollen ja auch fertig werden mit dem ganzen Aktionärskram, oft sind sie schon seit Tagen damit beschäftigt.

Hier werden die Letzten nicht nur die Ersten, sondern wohl auch die Einzigsten sein. Wie auf dem Flohmarkt, an der Börse, so auch auf Hauptversammlungen und im richtigen Leben, erst warten und dann handeln.

Aktien à la carte

Schatzsuche, aber wie?

Ein von mir sehr geschätzter Mitaktionär erzählte mir, dass er sich vornehmlich Aktien von Gesellschaften kauft, deren Hauptversammlung er mit dem Rheinland-Pfalz-Saarland-Ticket besuchen kann. So hat er eine bequeme und kostengünstige Anreise. Noch berufstätig, sucht er sich dann noch mit Vorliebe Aktionärstreffen aus, die erst nachmittags nach Dienstende beginnen, damit der Jahresurlaub nicht ganz durch diese Aktivitäten aufgebraucht wird und mit abzufeiernden Freistunden besucht werden können. Die Schwierigkeit liegt nicht darin, aus den Einladungen zu entnehmen, wann die Veranstaltungen beginnen, sondern eine Gesellschaft zu finden, die diese Bedingungen erfüllt, dann die Aktien zu kaufen, wenn sie noch preiswert sind und sich nicht gerade in einem absoluten Hoch befinden. Dazu muss man vorher erfahren, wann überhaupt mit der Hauptversammlung zu rechnen ist, bzw. ob sie schon war und daran denken, auch reagieren zu können, wenn etwa die Einladung ins Haus flattert, um die Eintrittskarten zu bestellen.

Ein anderer Aktionär kauft sich so viele Aktien, wie Personen in ein Auto gehen. Mittlerweile habe ich ihn schon mehrmals in einem VW-Bus kommen sehen. Ein anderer Aktionärsclub ist auch schon seit Jahren unterwegs. Gut organisiert gibt man sich gegenseitig Eintrittskarten, wenn man selbst keine hat und reist gemeinsam mit der Bahn oder in einer Fahrgemeinschaft zur Hauptversammlung an. Einer besetzt schon mal den Tisch, damit man nachher auch zusammen sitzen kann, die anderen kümmern sich um das Essen.

Eine Fülle kleiner und großer Vorgänge, Erlebnisse und Anekdoten haben mir selbst immer wieder viel Spaß gebracht. Dabei habe ich viele nette und interessante Menschen kennen gelernt und erlebt. Nicht nur der eigene Bekanntenkreis multipliziert sich, auch viele Eindrücke und Anregungen von und mit prominenten und weniger prominenten Mitmenschen nimmt man mit nach Hause.

Dass die Fülle der Ereignisse und auftretenden Fragen größer ist als ich zunächst dachte, liegt wohl in der Natur der Sache, wenn man so ein Werk angeht. Da kommen Fragen über Fragen, man spricht mit anderen darüber was man vorhat und immer neue, erwähnenswerte Anregungen fließen ein. Neue Kapitel werden als wichtig empfunden und aufgenommen, so dass nach und nach dieses nun vor Ihnen liegende Werk entstanden ist.

Wenn man an diesem Vergnügen teilhaben will, muss man nur wissen, welche Hauptversammlungen sich lohnen, wann und wo sie stattfinden, ob vor- oder nachmittags, wie man hinkommt, mit welchen Nebenkosten man rechnen muss, wenn man sie besucht und wie und wo man diese Aktien zu welchem Preis kaufen kann. Die Antworten finden Sie in diesem Buch.

Hauptversammlungstermine der in diesem Buch empfohlenen Aktiengesellschaften finden Sie auch gesammelt im Internet auf meiner Homepage www.aktien-a-la-carte.de

Rosige Zeiten - bei diesen Preisen
90 % Rabatt oder gezehntelte Aktienpreise

Die Preise für Aktien haben sich inzwischen zum Teil gezehntelt. Das kommt einmal durch die Reduzierung des Nennwertes bei einigen Aktien von früher 50,- DM auf 5,- DM Nennwert, und durch die Einführung der Stückaktie seit 1998 im Umfeld der Euro-Umstellung. Die Stückaktie repräsentiert einen anteiligen Betrag am Grundkapital von meist um einen Euro, also niedriger, als der Nennbetrag früher war. Durch die neue Stückelung gab es ohne Kursverlust eine größere Anzahl Aktien eines Unternehmens mit einem entsprechend geringeren Anteil am Grundkapital zu entsprechend niedrigeren Preisen. Also gibt es dadurch die Möglichkeit, sich schon mit einem geringen Einstiegsbetrag an einem Unternehmen zu beteiligen. Durchaus ein Vorteil, der mit der Einführung des Euro unter diesem Gesichtspunkt zu registrieren ist.

Ein anderer Grund ist der teilweise enorme Kursverfall. Gerade deshalb haben sich die Eintrittspreise zu einem tollen Büfett erheblich ermäßigt. Des einen Leid, des anderen Freud. Wo hat man heute schon einen solchen Preisnachlass.

Um die 3,50 Euro kostet heute zum Beispiel eine **Infor**-Aktie, sie hatte mal einen Wert von über 30,- Euro (etwa 65,- DM). Wenn das keine Gelegenheit ist, sich zu solchen Kursen eine Eintrittskarte zu kaufen zu einem solchen Erlebnis, wann dann? Und wenn sich auch noch die Kurse erholen, hat man zusätzlich ein tolles Schnäppchen gemacht. Und das, weil man eigentlich nur gut essen wollte. Das sind „Synergieeffekte".

Aktien à la carte

Wo bisher oft nur noch beten half, gilt jetzt:
Essen und Trinken hält Leib' und Seele zusammen!

Wo Du nicht bist, Herr Party Christ...

Lesen Sie diese Packungsbeilage zu Risiken und Nebenwirkungen beim Aktienerwerb

oder fragen Sie Ihre Bank oder Ihren Steuerberater.

Der Weg zum Aktionär

Mit dem Erwerb nur einer einzigen Aktie, egal ob Stamm-, Vorzugs- oder Namensaktie, die später erläutert werden, werden Sie Anteilseigner und Miteigentümer einer Aktiengesellschaft. Das bedeutet, dass Sie dann quasi selbst Unternehmer werden und als solcher hoffentlich sehr viel unternehmen. Sie werden aber kein Gläubiger, Ihre persönliche Haftung ist also auf den Wert der Ihnen gehörenden Aktien beschränkt, Sie haften nicht mit sonstigen Anteilen Ihres persönlichen Vermögens.
Mit nur einer Aktie pro AG können Sie alle in diesem Buch geschilderten Vorteile und Rechte als Aktionär wahrnehmen und genießen. Sie berechtigt zur Teilnahme an der Hauptversammlung, dem Festessen, dem Empfang der Naturaldividende und den Wortmeldungen. Nur bei der Teilnahme an den Abstimmungen gibt es möglicherweise Einschränkungen bei der Vorzugsaktie, was aber das Vergnügen überhaupt nicht schmälert. Ob 1000 oder eine Aktie - es gibt das gleiche Essen und die gleiche Anzahl Gratisgeschenke, jedenfalls auf der Hauptversammlung. Pro Aktie gibt es in der Regel eine Eintrittskarte. Das bedeutet, da der typische Saarländer nicht gern allein isst, dass man man wenigstens so viele Aktien kaufen muss, wie man Personen mitnehmen möchte.

Saar - Aktionär für 500 Euro, so geht's

Das Gesamtpaket aller aufgeführten saarländischen Gesellschaften, der „Aktionärsknüller", kostet so (ohne Deutsche Bank Saar AG), bei den derzeitigen Kursen, pro Person insgesamt 500,- Euro (zzgl. Bankgebühren und Spesen, je nach Institut verschieden). Ein schönes Weihnachtsgeschenk. Die Aktien werden normalerweise über eine Bank gekauft und in einem eigens dafür eröffneten Wertpapierdepot verwahrt. Neben dem Girokonto kostet die Eröffnung des Depots keinen Cent, die Kosten im laufenden Jahr variieren je nach Bank und werden entweder nach Kurswerten berechnet oder pro Posten mit einem Pauschalbetrag. Die Verwahrung von 10 saarländischen - AG Anteilen kann jährlich so etwa um die 25 Euro, also kaum mehr als das Saarlandticket der Bahn kosten, differiert jedoch von Bank zu Bank, Jahr zu Jahr. Dazu kommen noch die einmaligen Gebühren und Spesen bei Kauf und Verkauf der Aktien, die auch je nach Bank und Depotart (Direktorder, Internetorder, per Telefon oder herkömmlichem Depot mit Beratung) sehr unterschiedlich sind. Man geht also zu einer Bank, der Hausbank oder einer anderen, erfragt die Konditionen, nimmt den Personalausweis mit und eröffnet neben dem Girokonto ein Wertpapierdepot. Ab sofort kann man jetzt bei den zuständigen Bankangestellten (oder je nach Depotart) seine Aktien ordern. Dazu nennt man den Namen der AG, die Wertpapierkennnummer und die Anzahl der gewünschten Aktien. Sollte sich jemand verwundert zeigen, dass Sie nur zwei Aktien möchten, verweisen Sie ihn auf dieses Buch.

Die Wertpapierkennnummer, „Postleitzahl" der Aktie, können Sie vielfach aus Wirtschaftsteilen größerer Tageszeitungen entnehmen. Bei den in diesem Buch aufgeführten Aktien stehen sie jeweils in Klammern hinter der Aktiengesellschaft (AG) unter der Abkürzung WKN.

Und noch eins ist wichtig: Setzen Sie beim Kaufauftrag (wie auch beim Verkauf) ein Limit, das heißt, Sie nennen einen Kurswert über (oder unter) dem Sie die Aktie nicht kaufen (oder verkaufen) möchten. Bei den in diesem Buch beschriebenen geringen Kauforderzahlen empfehle ich das Limit um ein bis zwei Euro über dem aktuellen Kurswert festzulegen. Warum? Sonst sind vielfach die Limitgebühren, die je nach Institut nur anfallen, wenn die Aktien nicht am Auftragstag gekauft werden konnten, zusätzlich zu zahlen. Und fragt Sie der Berater, an welchem Börsenplatz der Auftrag ausgeführt werden soll, sagen Sie egal. Bei der geringen Anzahl spielt das keine Rolle.

Nun könnte es sein, dass an dem Tag, an dem Ihr Auftrag, genannt „Order", an die Börse kommt, keine einzige Aktie zum Kauf angeboten wird, was aber eher unwahrscheinlich ist. Deshalb sagen Sie, der Auftrag soll bis „ultimo" gelten, das heißt, die Bank versucht über einen ganzen Kalendermonat Ihren Kaufauftrag auszuführen, vielfach kostenlos. Wird der Auftrag also, wie zu erwarten, am gleichen Tag ausgeführt, fällt keine Limitgebühr an. Kann er nicht am gleichen Tag ausgeführt werden, fällt je nach Institut lediglich diese Gebühr an, deren Höhe normalerweise immer gleich hoch ist und nicht nach dem Wert des Gesamtauftrages berechnet wird.

Beispiel: Eine Infor-Aktie hat am Auftragstag einen Kurswert von 3,50 Euro. Ich empfehle ein Limit zu setzen von evtl. 5,- Euro. Wird der Auftrag erwartungsgemäß am selben Tag ausgeführt, werden keine Limitgebühren fällig. Die entstandenen Kosten werden dann von Ihrem Girokonto abgebucht, ein bisschen Kleingeld sollte also schon darauf sein. Nicht, dass die Überziehungszinsen teurer werden als der ganze Kaufauftrag.

Sollte es sich bei den gewünschten Aktien um nicht börsennotierte Werte handeln, kann es sein, dass sie trotzdem über eine Bank im so genannten Telefonhandel beziehbar sind. Sollten sie nicht über eine der üblichen Banken beziehbar sein, finden Sie das Angebot für diese Spezialwerte vielleicht bei entsprechenden Wertpapierhandelshäusern, z.B.

VEH AG - Valora Effekten Handelsgesellschaft AG, Postfach 912, 76263 Ettlingen
Tel. 07243 - 90002, Internet: http://valora.de

Der Aktienorder bleibt kostenlos, wenn der Auftrag nicht ausgeführt werden kann. Bei erfolgreicher Ausführung kommen zu dem eigentlichen Aktienwert noch pauschal z.Zt. 10 Euro hinzu, dies gilt für effektive Stücke wie für die Order in ein Bankdepot.

AHAG - Wertpapierhandelsbank AG, Postfach 160340, 44333 Dortmund
Tel. 0231 - 9873160, Internet: http://www.ahag.de

Die Bedingungen sind ähnlich und sollten vor Auftragserteilung immer erfragt werden, die Kosten betragen hier z.Zt. pauschal 9 Euro.

Hier können Sie telefonisch die gewünschten Aktien bestellen, füllen bei der ersten Auftragserteilung noch einen persönlichen Analysebogen - er ist nachfolgend abgebildet - aus, fügen eine Kopie des Personalausweises bei und bezahlen die zugesandte Rechnung. Danach werden die Aktien auf das Depot Ihrer wertpapierführenden Bank gestellt oder, wenn Sie effektive Stücke geordert haben, per Post zugesandt.

Aktien à la carte

Persönlicher Analysebogen

Erforderliche Angaben nach § 31 Abs. 2 Nr.1 Wertpapierhandelsgesetz

Name: _____

Anschrift: _____

_____

> Wir möchten Sie darauf hinweisen, daß unsere Geschäftstätigkeit auf den Kauf und Verkauf von Aktien beschränkt ist. Sie können mit uns Verträge über den Kauf oder den Verkauf von Aktien schließen, die wir durch Lieferung der Aktien oder Zahlung des vereinbarten Kaufpreises erfüllen. Im Interesse einer kostengünstigen Abwicklung der Geschäfte bieten wir Ihnen <u>keine Beratung</u> bei Ihrer Anlageentscheidung an. Prospekte, Analysen, Marktkommentare, Charts etc., die Sie von uns erhalten, stellen <u>keine Anlageberatung</u> dar, sondern sollen lediglich Ihre selbständige Anlageentscheidung erleichtern. Da wir keine auf Ihre persönlichen Verhältnisse zugeschnittene Anlageberatung durchführen oder auf Ihre persönlichen Verhältnisse zugeschnittene Anlageempfehlung geben, verzichten wir darauf, Ihre finanziellen Verhältnisse sowie Ihre Anlageziele zu erfragen. Nach dem Wertpapierhandelsgesetz sind wir jedoch verpflichtet, Sie nach Ihren Erfahrungen und Kenntnissen in Wertpapiergeschäften zu befragen. Die Erteilung der Angaben liegt in Ihrem Interesse, jedoch sind Sie nicht verpflichtet, die nachstehenden Fragen zu beantworten.

Bisheriges Anlageverhalten:
Welche Erfahrungen haben Sie mit Wertpapieranlagen und welchen Umfang hatten bisher die Geschäfte?

	Erfahrung seit wieviel Jahren			Üblicher Umfang der Geschäfte pro Transaktion		
	keine	weniger als 5	mehr als 5	bis 50 TDM	bis 100 TDM	über 100 TDM
Renten	O	O	O	O	O	O
Investmentfonds	O	O	O	O	O	O
Aktien (Standardwerte) DAX - MDAX	O	O	O	O	O	O
Aktien (Nebenwerte)	O	O	O	O	O	O
Nicht börsennotierte Aktien	O	O	O	O	O	O
Optionsscheine	O	O	O	O	O	O

Ich werde die AHAG AG darüber informieren, wenn in meinen den vorstehenden Angaben zugrunde liegenden Verhältnissen eine wesentliche Änderung eintritt.

Die Basisinformationen über Vermögensanlagen in Wertpapieren und die Informationsschrift der AHAG AG über „Chancen und Risiken der Aktienanlage" habe ich erhalten. Ich bin über die Risiken, die allgemein mit der von mir gewählten Anlageform verbunden sind, informiert. Ich bin mir im klaren darüber, daß ein Totalverlust der Anlage eintreten kann.

Die obigen Angaben werden nur für interne Zwecke gespeichert und nicht an Dritte weitergegeben.

---------------------------------   ------------------------------------
Ort, Datum   Unterschrift

Aktien à la carte

Kurzanleitung zum Aktienkauf

1. Personalausweis einstecken,
2. zur eigenen oder einer anderen Bank,
3. „ich möchte gerne ein Wertpapierkonto eröffnen" - kostet nix!
4. „Ich möchte Aktien kaufen."
5. Wertpapierkennnummer des Unternehmens nennen, das Unternehmen, die Anzahl der Aktien, das Limit, also den Preis, den Sie dafür maximal bezahlen wollen, der Börsenplatz ist egal, der Kaufauftrag soll gültig sein bis „ultimo".
6. Das Girokonto für die Abbuchung überprüfen.

****

und Direktbanken?... hier genügt ein Anruf. Unterlagen schicken lassen und prüfen, ob Sie dort ein Konto eröffnen wollen!

Bei Aktienorder über **AHAG** oder **VEH**: anrufen, bestellen auf Konto/Depot Ihrer Bank oder effektive Aktien schicken lassen, vorher Rechnung dafür bezahlen! Beim ersten Auftrag noch einen persönlichen Analysebogen ausfüllen und per Fax mit Kopie vom Personalausweis hinschicken.

Trotz Wegfall des Rabattgesetzes: handeln lohnt nicht, die Banken haben feste Preise!

Zu Hause auf die schriftliche Bestätigung der Bank über ihren Aktienkauf warten

- Flasche Sekt auf - Sie sind Aktionär!
Der Anfang war leicht!

Privatbörse:
Aktien privat kaufen und verkaufen

Der Markt bezüglich Angebot und Nachfrage bei nicht börsennotierten Aktien ist oft sehr eng und manchmal haben die erwähnten Spezialanbieter für diese Aktien nur ein geringes Angebot. Viele dieser Aktien befinden sich seit Jahren in der Hand ihrer Besitzer, die sie häufig als Belegschaftsaktien, als Sammlerstücke oder durch Erbe erworben haben. Es kann deshalb interessant sein, sich nach einem privaten Kauf- oder Verkaufsangebot umzusehen oder umzuhören. Manchmal staunt man, welche „Schätze" da im Verborgenen ruhen. Sie müssen also, um Aktien zu erwerben oder zu verkaufen, keinen Zwischenhändler einschalten, das geht auch hier, wie bei Briefmarken, Telefonkarten oder Parfümflakons, von Privat zu Privat.
In unserem kleinen Land, wo immer einer einen kennt, der einen kennt..., Sie wissen ja, geht vieles leichter. Wenn Sie auf ein Aktionärstreffen gehen, lernen Sie bestimmt auch jemanden kennen, der Ihnen bei der Erfüllung dieser Wünsche weiterhelfen kann. Dort gibt es richtige Spezialisten, bei denen Sie sich Anregungen und Informationen holen können.
Nicht börsennotiert sind zum Beispiel die saarländischen Aktiengesellschaften
MTD AG (früher Gutbrod AG),
Neufang Brauerei AG und
Deutsche Bank Saar AG.
Wenn Sie einen entsprechenden Partner gefunden haben, das geht auch über Zeitungsinserate, der Ihnen z.B. Neufang Akti-

en verkaufen würde, gibt es zwei Möglichkeiten:
1. Er bietet Ihnen effektive Stücke an, die er selbst aufbewahrt. Sie bezahlen hier den entsprechenden Preis und bekommen dafür die Aktienurkunden mit Gewinnanteilscheinen ausgehändigt. Der Bogen mit den Gewinnanteilscheinen ist ein zweites Blatt Papier zur Aktie, das Sie dann benötigen, wenn eine Dividende ausgeschüttet wird.
2. Die Aktien befinden sich in einem Wertpapierdepot des Verkäufers. Er lässt diese auf Ihr Depot übertragen und Sie bezahlen privat den vereinbarten Kaufpreis. Wer letztlich die Kosten für die Übertragung bezahlt, ist wie auch sonst im Leben, Verhandlungssache.

Eine andere Möglichkeit besteht darin, bei der Gesellschaft selbst anzufragen, ob sie Aktien anbietet oder kauft, oder Aktionäre kennt, die sich von ihren Anteilen trennen oder welche erwerben möchten. Ausnahmsweise geht es auch so, denn: „Geht nicht gibt's nicht", es findet sich immer ein Weg. Und wenn Sie schon an die Gesellschaft herangetreten sind und es hat bis zur Hauptversammlung wider Erwarten noch nicht geklappt, Aktionär dieser Gesellschaft zu werden, bekommen Sie ja vielleicht eine Gästekarte, mit der Sie immerhin auf die Hauptversammlung gehen können.

Gästekarten gibt es ausschließlich nur von der Gesellschaft selbst und nur auf freiwilliger Basis.

Wenn Sie nun über einen privaten Kauf Aktienbesitzer geworden sind, können Sie ab sofort an der Hauptversammlung teilnehmen, wenn die Fristen für Eintrittskartenbestellung und Hinterlegung der Aktien noch eingehalten werden können. Haben Sie die Aktien in Ihrem Depot bei der Bank, werden Sie automatisch über die entsprechenden Termine unterrichtet.

Aktien à la carte

Ich möchte aber mal die AG kennen lernen, die einem Aktionär nur deswegen, weil er sich nicht mehr rechtzeitig anmelden konnte, die Ausstellung einer Gästekarte und somit den Zutritt zur Hauptversammlung verweigert. Da gäbe es das nächste Mal bestimmt auf Seiten der AG auch noch anderes zu klären.

Haben Sie effektive Stücke gekauft, die Sie selbst aufbewahren, müssen Sie sich selbst um die Hauptversammlungstermine kümmern, zum Beispiel durch Anfrage bei der Gesellschaft. Die Aktien müssen, wie im Kapitel „Effektive Stücke" näher beschrieben wird, bei einem Notar, einer vorgegebenen Bank oder der Gesellschaft selbst hinterlegt werden, wobei Letzteres kostenlos ist. Sie können aber auch die effektiven Stücke bei Ihrer Bank in Ihr Depot einliefern, was mitunter aber sehr teuer sein kann - auch die Auslieferung - und es gibt Aktiengesellschaften, die Ihre Aktien sogar selbst und kostenlos für Sie verwalten. Erkundigen Sie sich vorher bei Ihrer Bank nach den Gebühren - auch die sind wieder von Bank zu Bank unterschiedlich. Bei den aufgeführten Aktien handelt es sich bei der MTD AG und der Neufang Brauerei AG um Inhaberaktien, bei der Deutschen Bank Saar AG um Namensaktien.

Bei Namensaktien muss der Vorbesitzer eine so genannte Zession unterschreiben, damit die Umschreibung der Aktien beantragt werden kann.

Die **Zession** ist lediglich eine vom bisherigen Namensaktionär unterzeichnete Erklärung, in der er sich damit einverstanden erklärt, dass seine bisherigen Aktien auf eine andere Person umgeschrieben werden. Bei vinkulierten Namensaktien kann die Gesellschaft den neuen Aktionär ablehnen, bei nicht vinkulierten kann sie es nicht. Sie werden dann bei dieser Gesellschaft in das dortige Aktienbuch mit Ihrem Namen eingetragen. Befinden sich die Aktien im Depot, unterrichtet die Bank das Unternehmen über den neuen Anteilseigner. Haben Sie effektive Stücke in Eigenverwahrung, geben Sie der Gesellschaft selbst Ihren Namen und damit neuen Anteilseigner bekannt. Dann bekommen Sie auch automatisch von der Gesellschaft die Einladung zur Hauptversammlung.

Diese Ausführungen beziehen sich nur auf geringe Stückzahlen, also einzelne, im Privatbesitz befindliche Aktienurkunden, die in der Bundesrepublik Deutschland bereits gehandelt wurden.

Und so entdecken Sie vielleicht ein ganz neues Hobby, mit dem Sie sich noch zusätzlich neue Möglichkeiten der Freizeitgestaltung eröffnen. Sie lernen interessante Menschen kennen, oft nicht die dümmsten, reisen mit neuen Zielen im ganzen Land herum und können damit vielleicht sogar noch Geld verdienen, statt es auszugeben.

Schöne Aussichten!

Aktien à la carte

Eintrittskartenbestellung
Das Ticket zur Hauptversammlung

Jetzt sind Sie Aktionär, aber wie kommen Sie auf die Hauptversammlung? Wie erfahren Sie den Termin und den Ort, wo bekommen Sie die Eintrittskarten her, was kostet Sie das? Wer weiß, dass Sie jetzt an dem Unternehmen beteiligt sind?
Der erfahrene Aktionär kann über solche Fragen natürlich nur milde lächeln. Aber der Aktienneuling muss man das alles erst noch lernen.

SCHLOSS WACHENHEIM

00314   BW BANK

1
Stückaktien   Fremdbesitz

Herr
Manfred Klein

66130 Saarbrücken

EINTRITTSKARTE
zu der am Mittwoch, 27. Februar 2002, 10 Uhr, im Haus der Wirtschaft, König-Karl-Saal, Landesgewerbeamt Baden-Württemberg, Willi-Bleicher-Str. 19, 70174 Stuttgart, stattfindenden ordentlichen Hauptversammlung der SEKTKELLEREI SCHLOSS WACHENHEIM AG. (Einlass ab 9.30 Uhr)

Stuttgart, 07.02.2002
Ort, Datum

Baden-Württembergische Bank AG
Hinterlegungsstelle

Wir bitten Sie, diese Eintrittskarte am Eingang zum Versammlungssaal gegen die Stimmkarte zu tauschen.

Vollmacht
Ich/Wir bevollmächtige(n) hierdurch
Herrn/Frau

_____
Name

_____
Vorname

_____
Postleitzahl/Ort

mit dem Recht auf Erteilung von Untervollmacht mich/uns in der umseitig genannten Hauptversammlung zu vertreten und das Stimmrecht, sofern ein solches besteht, für mich/uns auszuüben.

_____
Ort, Datum   Unterschrift

Untervollmacht
Hierdurch erteile(n) ich/wir
Herrn/Frau

_____
Name

_____
Vorname

_____
Postleitzahl/Ort

Untervollmacht, mich/uns in der umseitig genannten Hauptversammlung zu vertreten und das Stimmrecht, sofern ein solches besteht, für mich/uns auszuüben.

_____
Ort, Datum   Unterschrift

Aktien à la carte

Alle Macht den Banken?

Das Wichtigste gleich am Anfang: Geben Sie nicht der Bank oder Sparkasse Ihre Vertretungsvollmacht, sonst können Sie selbst nicht mehr an der Hauptversammlung teilnehmen. Wenn Sie schon eine Vollmacht erteilt haben, können Sie diese jederzeit widerrufen und behalten sich vor, selbst auf die Hauptversammlung zu gehen. Wenn Sie das später dann doch nicht wollen - auch kein Problem, niemand muss seine Stimmen auf der Hauptversammlung vertreten oder vertreten lassen. Haben Sie jedoch von einem Unternehmen eine größere Anzahl von Aktien im Depot und Sie wollen sicherstellen, dass Ihre Stimmen bei den einzelnen Tagesordnungspunkten auf jeden Fall vertreten werden, können Sie sich selbst nur für einige Aktien eine Eintrittskarte ausstellen lassen. Für den Rest des Aktienpaketes erteilen Sie dann der Bank eine Vollmacht. So behalten Sie alle Möglichkeiten, wenn Sie etwa die Hauptversammlung schon vor der Abstimmung verlassen wollen. Aber, nicht immer bieten die Banken die Vertretung auf der Hauptversammlung an, sie teilen Ihnen aber vorher mit, ob sie das beabsichtigen oder nicht. Geben Sie der Bank von vornherein bereits beim Aktienkauf eine Vollmacht über Ihr gesamtes Aktiendepot, kann es je nach Kreditinstitut sein, dass Sie nicht mehr über den Termin zur Hauptversammlung informiert werden, also überhaupt keine Einladung bekommen.

Tickets nur im „Vorverkauf ", es gibt keine Abend- oder Tageskasse!

Sie sind also Aktionär geworden und haben der Bank keine Vertretungsvollmacht erteilt. Somit können Sie ab sofort an der Hauptversammlung Ihres Unternehmens teilnehmen, wenn die Frist für die Eintrittskartenbestellung noch nicht abgelaufen ist. Ob Sie Stamm-, Vorzugs- oder Namensaktien gekauft haben, ist dafür völlig unerheblich. Die Bank, die Ihr Aktiendepot verwaltet, benachrichtigt Sie automatisch und ohne weiteres Zutun Ihrerseits kostenlos über Zeitpunkt und Ort der Hauptversammlungen der in Ihrem Depot befindlichen Aktiengesellschaften. Bei Namensaktien werden Sie in der Regel von der Aktiengesellschaft selbst und direkt unterrichtet. In dieser Mitteilung wird eine Frist angegeben, innerhalb derer Sie auf dem mitübersandten Formular die Eintrittskarten bestellen können. Hier können Sie eintragen, auf welchen Namen und mit welcher Stimmenanzahl die Eintrittskarten ausgestellt werden sollen.

Das heißt, Sie können als Depotinhaber nicht nur sich selbst, sondern auch andere Personen angeben, die eine Eintrittskarte erhalten sollen. Mindestens müssen Sie aber so viele Aktien besitzen, wie Sie Personen mitnehmen möchten, weil es pro Aktie nur eine Eintrittskarte gibt. Bestellen Sie doch mal eine zusätzliche Eintrittskarte für Ihren Nachwuchs oder Ihr Patenkind - vielleicht als ungewöhnliches Geschenk zum Geburtstag - so fängt er oder sie möglicherweise Feuer, investiert zukünftig sogar selbst einen Teil des Taschengeldes in Aktien statt in Freizeit oder Klamotten, bekommt neue Anregungen, der Ehrgeiz wird geweckt und das Leben könnte sich ändern.

Bei gut besuchten Gesellschaften bekommt man ausnahmsweise auch nur eine bestimmte Anzahl Eintrittskarten pro Depot, was aber vor der Hauptversammlung mitgeteilt wird. Im Saarland gibt es so etwas noch nicht.

Auf der Eintrittskarte wird lediglich kenntlich, ob die Person

Eigen- oder Fremdbesitz vertritt, was aber ohne Bedeutung für den Hauptversammlungsbesuch ist. Das ausgefüllte Formular schicken Sie fristgerecht an Ihre Bank zurück, die alles weitere für Sie erledigt. Bei den meisten Banken ist auch die Bestellung der Eintrittskarten kostenfrei, diese Konditionen sollten Sie aber schon beim Aktienkauf erfragen. Die Eintrittskarten werden dann an die von Ihnen angegebene Adresse versandt und werden Sie nicht unruhig, sie kommen oft erst kurz vor dem Hauptversammlungstermin.

Haben Sie Eintrittskarten bestellt, werden die Aktien bis zur Beendigung der Hauptversammlung gesperrt gehalten, das heißt, sie können in dieser Zeit nicht verkauft werden.
Mit der Eintrittskarte sind Sie oder Ihr Bevollmächtigter berechtigt, an der Hauptversammlung teilzunehmen. Sie sind aber nicht dazu verpflichtet. Sie müssen die Karten nicht nutzen und es entstehen Ihnen daraus keinerlei Unannehmlichkeiten oder sonstige Nachteile.

Es könnte nur sein, Sie ärgern sich darüber, dass jetzt Ihre Mitaktionäre mit dem Rollenkoffer von der Hauptversammlung auf Reisen gehen und Sie das Nachsehen haben. Ein Anspruch auf die Nachlieferung einer auf der Hauptversammlung an die erschienenen Aktionäre ausgehändigten Naturaldividende besteht nämlich nicht. Die bekommt man nur bei persönlichem Erscheinen. Oder Sie ärgern sich vielleicht, weil es bei irgendeiner Abstimmung auch auf Ihre Stimme angekommen wäre, ähnlich wie bei der Bundestagswahl. Ein anschauliches Beispiel aus jüngster Zeit: Die Wahl zum Präsidenten in den USA.

Die einmal gekaufte Aktie berechtigt immer wieder erneut zur Teilnahme an jeder Hauptversammlung. In der Regel findet diese einmal im Jahr statt, also, solange es das Unternehmen gibt: lebenslang. Nur bei besonderen Entscheidungen oder Ereignissen kann auch schon mal eine außerordentliche Hauptversammlung einberufen werden.

Vollmachten zum Vergnügen?

Selbst wenn die Eintrittskarten bei Ihnen vorliegen, können Sie, wenn Sie selbst verhindert sind oder jemandem anderen das Vergnügen ermöglichen wollen, auf der Eintrittskarte einer anderen Person Vollmacht erteilen. Haben Sie beispielsweise eine Karte auf den Namen Ihrer Frau ausstellen lassen, möchten jetzt aber lieber Ihre Freundin mitnehmen, muss Ihre Frau lediglich den Namen und Wohnort der Freundin auf der Rückseite der Eintrittskarte eintragen und die Vollmacht unterschreiben - also ganz einfach. Ihre Freundin kann dann mit dieser Eintrittskarte die gleichen Rechte in Anspruch nehmen wie Ihre Frau, aber nur bis zur Beendigung der Hauptversammlung. Ihre Frau kann mit dieser Eintrittskarte nicht mehr teilnehmen, es sei denn, die Freundin gibt ihr diese mit einer so genannten Untervollmacht zurück und macht so den Weg wieder frei. Sie als Aktienbesitzer und Depotinhaber müssen dazu nicht mehr gefragt werden. Auch mit jeder anderen Eintrittskarte, die entweder auf Ihre Frau ausgestellt oder auf der ihr eine Vollmacht erteilt wurde, kann Ihre Frau noch an der Hauptversammlung teilnehmen, vielleicht haben Sie ja noch einen guten Freund! Mit dem Spaß erfährt Ihre Frau wenigstens den Namen Ihrer Freundin.

Auch während der Hauptversammlung kann man, man muss aber nicht, falls man schon vor der Beendigung gehen will, einer anderen Person Vollmacht erteilen und diese wiederum einer anderen Untervollmacht.

Übrigens, mit dieser Vollmacht kann der Bevollmächtigte weder Ihre Aktien verkaufen noch anderweitig verwerten. Sie endet mit dem Ende der Hauptversammlung.

Eintrittskartenbestellung mit effektiven Aktienurkunden

Sind Sie Besitzer effektiver Aktienurkunden, müssen Sie sich selbst um verschiedene Dinge kümmern. Der Nachteil und Mehraufwand besteht darin, dass Sie einmal den Termin der Hauptversammlung selbst bei der Gesellschaft oder aus Veröffentlichungen in Erfahrung bringen müssen, es sei denn, Sie haben Namensaktien und werden von der Gesellschaft direkt eingeladen. Zum anderen müssen Sie, um Eintrittskarten zu bekommen, diese effektiven Aktienurkunden bei einer Bank, der Gesellschaft oder einem Notar rechtzeitig hinterlegen. Um die Eintrittskarten dann bei der Gesellschaft selbst anzufordern, benötigt man die Hinterlegungsbescheinigung und die Bestätigung, dass die Aktien bis zur Beendigung der Hauptversammlung gesperrt bleiben, das heißt, nicht verkauft werden können, sofern sie nicht bei der Gesellschaft selbst hinterlegt sind. Schüttet das Unternehmen sogar eine Dividende aus, muss man als Inhaber dieser Aktien einen dem Gewinnanteilschein beigefügten Coupon abtrennen und diesen über eine Bank oder direkt bei dem Unternehmen einreichen, um das Geld auf einem Konto gutschreiben zu lassen. Nur um an der Hauptversammlung teilzunehmen, stehen Aufwand, Zeit und Kosten normalerweise in keinem Verhältnis zu einem eventuellen Nutzen. Nur wenn man Sammler solcher Aktienurkunden ist und keine Bedenken hat, dass das effektive Stück unbeschädigt zurückkommt, nimmt man den Mehraufwand vielleicht in Kauf. Der Vorteil einer Eigenverwahrung besteht darin, dass die von Institut zu Institut verschieden hohen Einlieferungsgebühren in ein Bankdepot (oder auch Auslieferungsgebühren) gespart werden, und dann, wenn man die Hauptversammlung besuchen will, der Kontakt zum eigenen Unternehmen bereits im Vorfeld besteht. Die Hinterlegungskosten bei einem Notar oder bei einer Bank können gänzlich eingespart werden, wenn man die Aktien direkt beim Unternehmen hinterlegt. Ich rate dazu, neben effektiven Stücken dann noch zusätzlich Aktien der gleichen Gattung im Bankdepot zu halten, wenn man die Hauptversammlung besuchen will, um einen reibungslosen Ablauf zu gewährleisten und die effektiven Stücke bleiben dort, wo sie sind - unbeschädigt. So können Sie immer aufs Neue entscheiden, ob Sie Ihr Unternehmen wegen dem Besuch der Hauptversammlung kontaktieren wollen oder nicht. Werden beide Aktiengattungen einer AG gleichzeitig gehalten, ist man nicht verpflichtet, alle zur Teilnahme an der Hauptversammlung anzumelden, es sei denn, man will für die effektiven Aktien ebenfalls eine Eintrittskarte.

Und nur keine Scham, wenn Sie nur mit einer Stimme erscheinen, es könnte ja auch sein, dass Sie Tausende in Ihrem Depot halten und melden sich lediglich mit nur einer Stimme an. Das haben schon ganz andere Aktionäre getan!

Einzig und alleine entscheidend ist, dass Sie mindestens eine einzige Aktie des Unternehmens besitzen, welche ist egal. Und wenn Sie noch Fragen haben, kommen Sie doch einfach auf eine der Hauptversammlungen, dort wird manche Frage beantwortet, etwa bei einem Glas Bier, Freibier natürlich!

Also, zusammengefasst:

1. Über Ort und Zeitpunkt der Hauptversammlung werden Sie automatisch von Ihrer Bank unterrichtet, wenn sich die Aktien in einem Depot befinden.

2. Auf dem vorgedruckten, mitübersandten Formular geben Sie an, auf wen die Eintrittskarten ausgestellt werden sollen.

3. Die Eintrittskarten werden an die von Ihnen angegebenen Adressen versandt.

4. Die Person, auf die die Eintrittskarte lautet, kann jederzeit vor und während der Hauptversammlung einer anderen Person Vollmacht oder Untervollmacht erteilen.

5. Mit der Bestellung der Eintrittskarte verpflichten Sie sich nicht, an der Hauptversammlung teilzunehmen.

Ein Tipp für ganz Ausgeschlafene:

Beziehungen sind Gold wert

Ohne den Besitz einer einzigen Aktie zur Hauptversammlung? Zur Teilnahme an einer Hauptversammlung, dem Festessen, dem Empfang der kompletten Naturaldividende und allen zusätzlichen Angeboten vor, während und nach der Hauptversammlung ist noch nicht einmal der Besitz einer einzigen Aktie notwendig!

Wie denn das? Ganz einfach:

Sie lassen sich von einem Ihnen bekannten Aktionär einer Gesellschaft eine Eintrittskarte auf Ihren Namen ausstellen oder eine Vollmacht oder Untervollmacht geben und kommen so zur Hauptversammlung mit allen möglichen Vergünstigungen. Nur die Bardividende, sofern es überhaupt eine gibt, die bekommt nur der Aktionär.

Also alles, aber wirklich alles, zum absoluten Null-Tarif. Lediglich Zeit, Lebenszeit müssen Sie investieren. Wenn Sie Zeit haben, eine lohnende Investition!

Bis jetzt haben Sie schon viel darüber gelesen, welche Möglichkeiten in Aktien stecken und wie Sie diese erwerben können. Jetzt sollten Sie auch einen Überblick bekommen, um was es sich bei den verschiedenen Aktienarten handelt.

Aktien à la carte

Welche Sorte darf's denn sein?

In diesem Abschnitt sollen kurz, verständlich und übersichtlich die Aktienarten erklärt werden, die für den normalen Kleinaktionär interessant sein könnten oder von denen er wenigstens wissen sollte, um was es sich handelt. Unter anderem gibt es: Nennwertaktien • Stückaktien • Stammaktien • Inhaberaktien • Vorzugsaktien • Namensaktien • Vinkulierte Namensaktien • Effektive Aktienurkunden.

Welche Aktien Sie auch besitzen, eine einzige oder hunderte ordern, für die Übersendung der Einladung, die Bestellung der Eintrittskarten oder auch für die Teilnahme am Büfett und den Erhalt der Naturaldividenden ist das völlig egal. Es gibt kein Bier, keine Frikadelle und kein Würstchen weniger! Kaufen Sie, wenn Sie überhaupt die Wahl haben, was selten der Fall ist, einfach das, was gerade am billigsten ist! Nur bei der Eigenverwahrung müssen Sie, wie schon beschrieben, selbst normalerweise etwas mehr Arbeit leisten.

Eine Aktiengesellschaft in Deutschland kann entweder Nennwertaktien oder Stückaktien herausgeben. Beide Arten repräsentieren einen bestimmten Anteil am Grundkapital einer Aktiengesellschaft, das in der Satzung festgelegt ist.

Bei der **Nennwertaktie** hat die Aktie einen festen Nennwert, der in einem Geldbetrag beziffert wird, der je nach Aktie, zum Beispiel ab einem Euro oder eines vielfachen davon betragen kann. Die Anzahl der Aktien, multipliziert mit dem Nennwert, ergibt das satzungsgemäß festgelegte Grundkapital.

Auch die **Stückaktie** entspricht einem festen Anteil pro Stück am festgelegten Grundkapital der Gesellschaft, ist aber nicht mit einem Geldbetrag beziffert. Der Anteilsbesitz berechnet sich hier aus dem Verhältnis der gehaltenen Aktienstückzahl zu der Aktienstückzahl, die insgesamt herausgegeben wurde. Für den Aktionär ist es völlig egal, ob er Nennwert- oder Stückaktien hält, weil sich der Kurswert einer Aktie unabhängig davon entwickelt.

Stammaktien sind die am häufigsten herausgegebenen Aktien in Deutschland, die es wiederum am häufigsten als **Inhaberaktien** gibt. Mit diesen Aktien hat der Aktionär alle Rechte (auch Pflichten soll es geben), die im Aktiengesetz festgelegt sind. Sie können ohne besondere Formalitäten gehandelt werden und gewähren volles Stimmrecht.

Vorzugsaktien dagegen gewähren ihrem Inhaber meist kein oder nur ein eingeschränktes Stimmrecht, können dafür aber andererseits wiederum bevorteilt werden zum Beispiel bei der Gewinnverteilung, also der Dividende.

Namensaktien bieten dem Unternehmen die Möglichkeit, den Kreis ihrer Aktionäre zu kennen, weil man als Inhaber dieser Aktien namentlich in ein Aktienbuch der Gesellschaft eingetragen wird. Zum Kauf und Verkauf der Aktien benötigen Sie aber keine Einwilligung des Unternehmens. Dennoch ist für die Umschreibung, wie schon erwähnt, eine von dem Vorbesitzer unterschriebene Zession erforderlich.

Nur bei **Vinkulierten Namensaktien** ist die Übertragung der Aktien auf einen neuen Aktionär nur mit Zustimmung der Gesellschaft möglich. In der Regel werden alle diese Aktien auf ein Wertpapierdepot einer Bank gekauft, es sei denn, Sie erwerben sie als **Effektive Aktienurkunden**. Das sind als Urkunden lieferbare Aktien mit Gewinnanteilscheinen, wobei hier die Wahl besteht zwischen der Einlieferung in ein Bankdepot und der Eigenverwahrung.

Aktien à la carte

Der Weg zum Glück
mit einem effektiven Stück.

Der unvergängliche Wert.

*Oder wie eine Aktie gar nicht so tief sinken kann,
dass sie nichts mehr wert ist,
oder eine Aktie ein Mehrfaches des eigentlichen
Kurswertes bringt.*

Geht nicht gibt's nicht, getreu unserem Motto, gibt es auch bei Aktien unerwartete Wertsteigerungsmöglichkeiten. Auf nationalen und internationalen Auktionen oder im privaten Handel wechseln effektive Aktienurkunden zu Liebhaberpreisen ihre Besitzer, auch wenn sie vielleicht schon lange keine Gültigkeit mehr haben. Kaufen Sie sich doch von einer Aktie effektive Stücke, das heißt, Sie lassen sich die Aktie effektiv ausliefern, also in die Hand geben. Achtung: Fragen Sie vorher die Bank, welche Gebühren hierfür bei dem Institut anfallen. Sie sind von Institut zu Institut verschieden.
Der Sammlerwert kann manchen Kursrückgang ausgleichen und den Besitzer noch anderweitig erfreuen.
Die **Deutsche Telekom-Aktie** (WKN 555750) beispielsweise, die an der Börse zwar nur einen Kurs von z.Zt. etwa 20 Euro hat, wird als effektives Aktienstück für ca. 140,- Euro im Handel angeboten. Hier müssen Sie allerdings, wie man aus gut informierten Kreisen hört, den Umweg über Amerika gehen. Aber wer hat nicht jemand der einen kennt, der einen kennt..., und wenn das nicht so ist, - diesem Kapitel widme ich größere Aufmerksamkeit in einer nächsten Ausgabe von Aktien à la carte.

Aktien à la carte

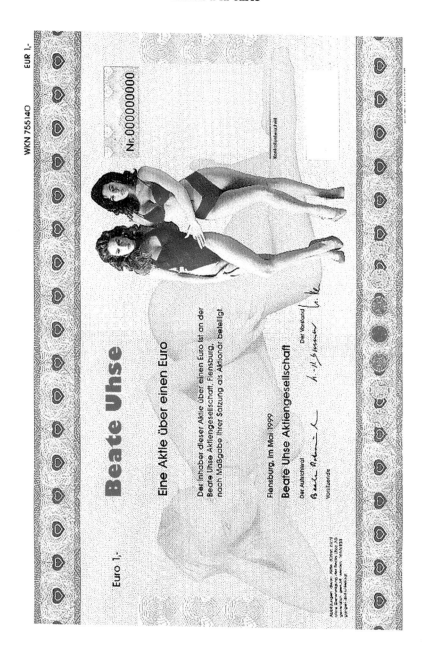

Die Beate Uhse AG (WKN 755 140) und die **Condomi AG** (WKN 544 490) will ich Ihnen einmal näher „beleuchten", am besten unter Schwarzlicht. Nehmen Sie es wörtlich - tun Sie es selbst und Sie werden staunen, was dort auf einer Aktienurkunde sichtbar wird!

Mitunter ziemlich stabile Werte - aber - würden Sie sagen, hat ja auch nicht so viel mit einem 11. September zu tun! Richtig. Die Beate Uhse Aktie beispielsweise wird an der Börse für gerade einmal schlappe 11 - 15 Euro gehandelt. Im gültigen Katalog der gleichnamigen Firma müssen Sie für diese – allerdings limitierte – Aktie im Shop mit Rahmen rund 65 Euro hinblättern. Jetzt sagen Sie verrückt – nein – weit gefehlt. Sie müssen sich eine Beate Uhse Aktie einmal unter Schwarzlicht, bei dem die weißen Nylonhemden früher so toll geleuchtet haben, ansehen. Das macht Spaß - die erotischen Frauen darauf, das müsste zur Ausstattung eines jeden Kleinaktionär-Büros gehören, ist ja schließlich auch von „seiner" Firma. In dem Moment, in dem Sie dieses Papier in der Hand halten, können Sie damit letztlich sogar an der Hauptversammlung teilnehmen und Ihr volles Stimmrecht ausüben (allerdings nur nach vorheriger Anmeldung und Hinterlegung!), bis Sie die Aktie vielleicht als originelles Geschenk im Freundeskreis weitergeben.

Gewöhnlich gut unterrichtete Kreise berichten gar davon, dass die Beate Uhse AG in der Vergangenheit selbst ihre effektiven Stücke aus dem Laden direkt an der Börse massenweise verkauft haben soll - die Kurse waren eben schon mal besser als heute, da hat sich der Verkauf gelohnt. Auch bei der Werner Aktie, **Achterbahn Aktiengesellschaft** (WKN 500 740) einem teuren Stück, wenn man sie in der Hand halten will und die auf Auktionen sehr hoch gehandelt wird, kann man Geheimnisvolles erst unter Schwarzlicht entdecken.

Unsere gute alte Neufang Aktie ist übrigens auch als effektives Stück ein schönes Stück, auch ohne Schwarzlicht.

Wenn man keine günstigen Quellen kennt, um diese Stücke zu erwerben, wird es schon ein bisschen teurer, aber es ist eben auch ein bisschen verrückter.

Tipp: Trennen Sie nie wegen mickriger Dividenden den zur Aktie gehörenden Gewinnanteilschein von dem Bogen ab. Das effektive Stück kann ohne den kompletten Bogen erheblich an Sammlerwert verlieren!

Und so gibt es sehr viel Interessantes und Unerwartetes in der Aktienlandschaft. Sammler gab es schon zu allen Zeiten. Nach dem Krieg fing man an mit Streichholz- und Käseschachteln, Bierdeckeln oder Parfümfläschchen, bis hin zu Telefonkarten, Autos und anderen, manchmal unglaublichen Dingen in der heutigen Zeit, die immer wieder ihre Liebhaber finden. Warum nicht statt Briefmarken Aktien sammeln? Nicht als schnöde Geldanlage auf einem Depot, sondern als effektive Urkunde mit Erlebniswert für zu Hause. Oder als Geburtstagsgeschenk für Leute, die sowieso schon alles haben! Da immer weniger Aktiengesellschaften überhaupt Aktien drucken lassen wollen, könnten solche Raritäten echt an Wert gewinnen und ihre Besitzer noch lange erfreuen. Das könnte zu einem Volkssport werden: Deutschland, ein Volk von Aktionären, gewusst wie!

Die Condomi AG

Der Erektionsbekleider und größte Kondomproduzent Europas verkauft die Aktie als limitiertes, effektives Stück sogar zum Sonderpreis auf der Hauptversammlung in der Metropole Köln. Auch hier wird unter Schwarzlicht Erfreuliches beleuchtet. Und nach der Hauptversammlung kann man sich bei einem erotischen Büfett auf einem rosa angestrahlten Schiff der **Köln-Düsseldorfer Rheinschifffahrts AG** (WKN 828 600) auf dem Rhein vergnügen. (Die machen selbstverständlich auch eine Hauptversammlung, auch auf dem Rhein, ebenfalls in Köln)

Mit Blick über eine wunderbar beleuchtete Skyline von Köln wurde man bei Discomusik verwöhnt – bis nachts um halb vier, so jedenfalls 2001. Das nächste Mal wird vielleicht durchgemacht.

„Nullkommanullsechs Millimeter - Wie Condomi den Weltmarkt erobert" - erschienen im Econ Verlag, lautet der vielversprechende Titel eines Buches, das von den 4 Vorständen des Unternehmens mit Lust und Liebe, so auch die Geschäftsidee, geschrieben wurde. Echt lesenswert!

Der Vorstand der Condomi AG

Sie wollen Condomi auch besuchen? Die finden Sie jetzt in den Geschäftsräumen in den historischen 4711 Produktionshallen in Köln. Jetzt ist sogar 4711 mit nullkommanullsechsmillimeter an der Börse notiert. Aber nicht nur Kölnisch Wasser gehört zu den Fanggebieten Condomis. Den europäischen Markt hat man schon als Marktführer erobert, jetzt strebt man die Weltmarktführung an, und die scheint nicht mehr fern. Nach Afrika jedenfalls ist man schon gekommen, mit einer Firma und Großaufträgen noch dazu. Eine schöne Erfolgsstory: von einem kleinen Laden in der Kölner Innenstadt auf dem

Aktien à la carte

Weg zum Weltmarktführer. Wenn Sie das miterleben wollen, kommen Sie doch selbst zur Hauptversammlung und vermessen dort die „Condomi AG"! Und die richtige Größe Kondome suchen Sie sich doch auch besser selbst aus. Da gab es ein Angebot von Normal bis XXL, alles kostenlos zum Mitnehmen in der bereitgestellten Tasche. Und wenn es da noch eine Frage gab ... freundliche Damen und Herren gaben gerne und gekonnt Auskünfte zu Produkten und anderen Fragen, deshalb waren sie ja schließlich auf der Hauptversammlung, dem höchsten und wichtigsten Organ einer Aktiengesellschaft nach dem Aktiengesetz, was hier noch eine ganz andere, zusätzliche Bedeutung hatte! Informieren Sie sich doch selbst, sicher ist sicher! Der Termin für die nächste Hauptversammlung steht noch nicht fest, aber normalerweise dürfte sie wieder im November stattfinden! Wenn Sie es genau wissen wollen, lesen Sie es später auf meiner Homepage, **www.aktien-a-la-carte.de** nach.

Eine „Lust"-Reise nach Köln oder 250 km hin und mit Nullkommanullsechs Millimeter zurück

Und dann noch ein ganz besonderer Tipp: die Hauptversammlung wird wohl wieder mittags beginnen, so können Sie mit dem Rheinland-Pfalz-Saarland-Ticket der Deutschen Bundesbahn rechtzeitig mit einem Zug aus dem Saarland über die „Palz" neuerdings sogar bis nach Bonn fahren, das aber erst ab 9.00 Uhr morgens gilt. Echt gudd, bis dahin für 21 Euro mit insgesamt 5 Personen! Dann brauchen Sie nur noch ein Regionalticket der Kölner Verkehrsbetriebe, die ab Bonn auch für die Züge der DB Gültigkeit haben. Da gibt es eine preiswerte,

Aktien à la carte

so genannte 5 Personen Mini-Gruppenkarte (gilt 24 Stunden!!) und mit der fahren Sie in demselben Zug mit 5 Personen bis nach Köln Hauptbahnhof weiter. Von dort aus müssen Sie nur noch über die Rheinbrücke und schon sind Sie im Theater am Tanzbrunnen, wo die Hauptversammlung der **Condomi AG** (WKN 544 490) stattfindet. Dort erfrischen Sie sich kostenlos mit den bereitgestellten Getränken und genießen anschliessend die Hauptversammlung mit hoffentlich erfreulichen Zahlen. Nach der Beendigung des offiziellen Teils der Hauptversammlung geht es zum Rhein auf das Schiff zum erotischen Büfett. Wenn Sie nicht so viel Zeit haben, fahren Sie nach einem kurzen, aber schönen Erlebnis ohne Mehrkosten wieder zurück in die Heimat. Oder, wenn es Ihnen gut gefällt, fahren Sie eben am frühen Morgen, vielleicht noch nach einem nächtlichen Stadtbummel durch Köln, wieder mit Ihrer noch gültigen Minigruppenkarte zurück nach Bonn, bleiben in dem Zug und müssen nur das Rheinland-Pfalz-Saarland-Ticket wieder für 21 Euro neu lösen.

Und heimwärts geht's, mit Ihrer Naturaldividende. Und das alles für wirklich kleines Geld und für fünf Personen. Das wäre doch einmal etwas echt anderes für den Preis von fünf Condomi-Aktien, die zusammen zur Zeit etwa 100 Euro kosten, oder? Und wenn das Ganze freitags stattfände, könnte man noch das Wochenende in Köln verbringen, denn auch die Stadt ist immer eine Reise wert. Und Ihre Aktien sind natürlich nach dieser Nacht nicht verfallen, sondern bleiben Ihnen erhalten. Wenn Sie so wollen, ein Leben lang – mit Nullkommanullsechsmillimeter.

Jetzt sagen einige - wohl auch zu Recht - was hat dieser Artikel unter dem Kapitel effektive Stücke zu suchen. Der ist ja am völlig falschen Platz. Wo wäre denn da wohl der richtige, wenn alles an seinem Platz sein soll? Es greift eben alles ineinander, und nicht nur in dem Bereich Aktien ist, wie im richtigen Leben, oft nichts absolut getrennt voneinander zu sehen... und da es ja hier immerhin um die Bekleidung eines

anderen effektiven Stückes geht, einem wichtigen sogar, wollen wir diesem ausnahmsweise auch diesen Platz einräumen.

Also, liebe zukünftige Aktionärinnen und Aktionäre, nur keine falsche Scham und Scheu.
Miteigentümer werden und sich auch so fühlen, warum denn nicht. Das Leben genießen, wo immer und wie es möglich ist. Andere nutzen doch auch die Vorteile, die ihnen Amt und Würden bieten, ob in Kultur, Politik oder Wirtschaft. Die gehen doch auch, manchmal sogar auf unsere Kosten, gut essen und trinken, und wie oft kommt nichts dabei raus nach dem Motto: außer Spesen nichts gewesen, aber Spaß gemacht hat es trotzdem.
In so mancher Hauptversammlung in gemütlicher Runde werden interessante Informationen ausgetauscht über andere Aktiengesellschaften, Aktien die Gewinn versprechen oder eben auch nicht, oder über andere Veranstaltungen und Ereignisse, die das Herz erfreuen können. Mitunter trifft man sehr weit gereiste Mitmenschen, die nicht nur bis nach Köln gereist sind und viel zu erzählen haben. Unterhaltsam ist es allemal, auch wenn man sich nur am Verhalten seiner Artgenossen erfreut.

„Die Leit verzähle jo vill, es is awwer ach vill wohr!" „Unn do treffschde mo jemand, wo echt Ahnung hadd".
Und solche netten Begegnungen, auch mit dem anderen Geschlecht, können für noch viel mehr gut sein!

Aktien à la carte

*Es hat auch schon Aktionäre gegeben,
die schlossen so den Bund für's Leben.
Bei netten Gesprächen so am Rande,
entwickelten sich zarte Bande.*

Banken, Sparkassen, Direktbanken

Die Konditionen der einzelnen Banken sind sehr unterschiedlich, das reicht vom gebührenfreien Führen des Girokontos über Abweichungen bei den Kosten eines Wertpapierdepots bis zu den Gebühren beim Kauf und Verkauf von Aktien. Eine schnelle Ausführung der Aktienaufträge ist heute eigentlich überall gewährleistet, die Beratung und Betreuung oft eine persönliche Geschmacksfrage. In der Regel hat die Bank Anlageberater, die Ihnen bei der Umsetzung Ihrer Wünsche mit Rat und Tat behilflich sind. Ob die eigene Hausbank der richtige Partner ist, sollte man im Vorfeld durch Erfragen der einzelnen Konditionen ausreichend klären. Auch die Anlageberater können der Weisen letzten Stein noch nicht gefunden haben, sonst hätten sie sich sicher schon längst zur Ruhe gesetzt und brauchten Sie nicht mehr zu beraten. Denn vieles ist eben nicht vorhersehbar an der Börse. In Zeiten steigender Kurse und eines ständigen Aufwärtstrends ist Geld verdienen leicht, wie aber soll man die Unwägbarkeiten eines Marktes und unvorhersehbare Ereignisse berücksichtigen, wie den 11. September 2001? Für die Entwicklung der Kurse spielen eben viele Faktoren eine Rolle, und letztlich kann eine Bank die persönlichen Risiken eines Investments nicht abdecken, sondern nur beraten. Deshalb heißen sie auch Anlage -"berater", entscheiden und das Ergebnis tragen muss jeder selbst. Sollten Sie vielleicht Bedenken haben, bei Ihrer Hausbank Mini-Order in Auftrag zu geben oder Sie sind mit den Konditionen unzufrieden, können Sie auch den Weg über eine Direktbank wählen. Über Telefon und/oder klick per Internet können Sie hier Ihre Aufträge erteilen, ohne persönlich in Erscheinung zu treten.

Dazu lässt man sich per Anruf alle notwendigen Unterlagen und Informationen schicken und kann dann in Ruhe prüfen und entscheiden. Banken übernehmen normalerweise auch Ihre Vertretung auf Hauptversammlungen, wie schon vorher beschrieben, aber warum sollte man nicht einmal selbst hingehen und sich informieren, amüsieren, 'mal sehen, was die Gesellschaft so bietet und sich ein eigenes Bild von der Unternehmensführung machen! Deshalb geben Sie die Vertetungsvollmacht nicht vorschnell ab, wenn Ihre Stimme niemand vertritt, fällt das gar nicht auf.

Die Bankenberater haben mit einigen ihrer Kunden in den letzten Jahren erhebliche Probleme bekommen, weil sich manche Prognose bezüglich steigender Kurse und kurzfristiger Gewinne schlagartig verflüchtigt hat und ins Gegenteil umgeschlagen ist, oder eine von der Bank herausgegebene Neuemission bis heute nie mehr den Ausgabekurs erreicht hat, aber wer kann das schon vorhersehen? Vielleicht muss man nur abwarten und Geduld haben. Verluste macht man nur, wenn man unter seinem Einstiegskurs verkauft! Ansonsten existieren sie nur auf dem Papier.

Tränen und Leid - statt Reichtum und Freud.

So kann es gehen an der Börse, aber auch umgekehrt. Wissen ist eben etwas anderes als Vermuten, das muss man bei jeder Beratung beachten, und wer weiß schon etwas. Letztlich verdient die Bank auch an den Gebühren durch den An- und Verkauf der Aktien durch ihre Kunden, deshalb prüfen Sie, ob Sie wirklich auf den Anlagestrategen der Bank hören wollen. Lassen Sie sich lieber mal belächeln, macht nichts - wo Sie sind, will Ihr Gegenüber vielleicht erst noch hin.

Aktien à la carte

Internet – Der Informations-Lieferant für den Aktionär

Aktuelle Investor-Relations-News, Kursabfragen und aufschlussreiche Charts. Alle diese wichtigen Aktionärs-Informationen sind nicht nur den Wirtschaftszeitungen und anderen Medien zu entnehmen. Es sind auch jede Menge Informationen –meistens sogar in Realtime– im Internet abzurufen. Empfehlen möchte ich Ihnen die saarländischen Websites, die sich mit dem Thema Börse beschäftigen:

	Kurse	News	Charts
www.sr-online.de (http://sronline.ttweb2.net) Rubrik: Nachrichten/Börse	X		X
www.sol.de (http://www.sol.de/news/wirtschaft) Rubrik: News/Wirtschaft		X	

Aber auch die saarländischen Aktiengesellschaften selbst bieten auf Ihren Homepages jede Menge Informationen, Kurse und Infografiken zum eigenen Wertpapier:

Saar-AG	UN-News	Aktien(kurs)	Finanzkalender	G-Berichte	(Presse)News
MTD Products AG http://www.mtdeurope.com	X				
IDS-Scheer AG http://www.ids-scheer.de	X	X	X	Download	X
Neufang Brauerei AG http://www.neufang.de					
Orbis AG http://www.orbis.de	X	X	X	Download	X
Infor Business-Solutions AG www.infor.de	X	X	X	Download	X
Villeroy & Boch AG http://www.villeroyboch.com/de/		X	X	Download	X
Praktiker www.praktiker.de	X			Download Postversand	X

Keine aktuellen Informationen im Internet liefern die
- Deutsche Bank Saar AG
- Horten AG
- Massa AG
- Kaufhalle AG

Börseninformationen und Analysten

Sollten Sie eine größere Anzahl Aktien ordern wollen, um auf eventuelle Kursgewinne zu spekulieren, sind Informationen aus Börsenzeitungen und -briefen und Aussagen von Analysten immer mit einem skeptischen Blick zu beurteilen. Hier wird überwiegend spekuliert und werden Aussagen gemacht, die meist nur auf Vermutungen beruhen, wie man in der Vergangenheit ausreichend feststellen konnte. Da waren die Vorhersagen oft schlechter als die Wettervorhersage. Gegen deren Irrtümer kann man wenigstens noch vorsorgen mit Schirm und langen Unterhosen. Die reichen aber oft nicht aus, um sich warm genug anzuziehen bei sich plötzlich drehenden, wegbrechenden Märkten, Pleiten, Struktur- und Konjunkturkrisen oder völlig unvorhersehbaren Ereignissen.

Informationen jeder Art sollten Sie immer auch danach beurteilen, woher und von wem sie kommen und ob sie vielleicht nur dem nutzen, der sie herausgibt. Sachliche Informationen zu den Unternehmen und deren wirtschaftlicher Entwicklung können und sollten Sie aus den einzelnen Medien durchaus verwerten. Welchen Einfluss sie aber letztlich auf den Aktienkurs haben, kann man für diese schnelllebige, sehr häufig auf kurzfristige Profite ausgerichtete Börse kaum noch voraussagen, wo Großinvestoren in kürzester Zeit die Kurse durch An- und Verkauf beeinflussen, oder computergestützte Systeme (Stop-Loss) beim Erreichen bestimmter Kurse eine Flut von Verkäufen auslösen und damit dramatisch sinkende Kurse provozieren, obwohl es wirtschaftlich dafür keinen Grund gibt. Dazu kommen noch andere irrationale Faktoren, wie Gerüchte und vermeintliche Perspektiven, die die Kurse unvorhersehbar beeinflussen.

In der Spielbank nennt man so etwas auch Glücksspiel. Deshalb stellt sich die Frage, ob der gut informierte Aktionär letztlich auch mehr Erfolg hat. Also, keine Bedenken, dass Sie mit dem Erwerb von Aktien ständig eine Flut von Informationen verarbeiten oder täglich Kurse verfolgen müssten, um erfolgreich zu sein. Was wurden da in den letzten Monaten der hochgejubelten Börse Seifenblasen mit Erwartungen auf unbeschränkte Kursanstiege und Wachstum in die Welt gesetzt mit der Aussicht auf unbegrenzten Reichtum, wenn man nur mitmacht und darauf setzt. Da wurden die haarsträubendsten Unternehmensbewertungen gemacht, heute hier kaufen, morgen dort verkaufen, umschichten, halten, Gewinne mitnehmen - fast alle sind geplatzt und haben die Aktienkurse wirklich solider Unternehmen noch mit in den Sog nach unten gezogen. Unternehmensgründer, Vorstände und Aufsichtsräte haben oft selbst gestaunt, wie die Aktien des Unternehmens bewertet wurden. Vertrauen und Optimismus sind eben an der Börse wichtige Faktoren, die Kurse mindestens so beeinflussen können wie Fakten und Daten. Wenn Sie nicht auf schnelle Gewinne aus den Anlagen setzen, das investierte Geld nicht kurzfristig benötigen - ein wichtiger Aspekt - können Sie auch mit Aktien in Ruhe schlafen, bis Sie einen Kursgewinn realisieren können. Deshalb sollten Sie nur Geld an der Börse investieren, das Sie nicht zum täglichen Leben brauchen. Denn, verkaufen müssen ist immer schlecht. Aber wenn das Engagement nur in der Preislage eines guten Essens oder noch darunter liegt, ist es sowieso egal. Einem Aktienkauf muss letztlich immer ein Aktienverkauf gegenüberstehen. Wer ist nun der Dumme oder der Schlaue, derjenige, der kauft - oder derjenige, der verkauft?

Aktienkurse wie noch nie, förderten die Euphorie.
Hochgelobt, schon in den Wolken,
staunend, wie die Moneten rollten,
fühlte sich schon mancher Vorstand,
bis er sich nach kurzer Zeit, auf der Erde wiederfand.

Die Aktie, das Wertpapier, welchen Wert hat das Papier?

Der auf der Aktie aufgedruckte Nennwert oder Stückwert spielt für den eigentlichen Wert eine völlig untergeordnete Rolle. Ganze Wirtschaftszweige und Berufsgruppen, Banken, Broker, Journalisten, Rundfunk, Fernsehen, Printmedien und unzählige andere leben von der Beantwortung dieser Frage. Und die lautet häufig: Es kommt darauf an! Schon bei der Erstausgabe der Aktien, der Neuemission, spielen nicht nur tatsächliche Fakten und Daten eine Rolle, auch hier wird schon die Erwartung in eine mögliche Entwicklung mitbewertet und so geht es auch weiter. Es kommt eben auf alle möglichen Perspektiven und Hintergründe, Grundlagen und Betrachtungen an. Wenn etwa eine Person die eine Aktie hält, die für eine Abstimmung in der Hauptversammlung maßgeblich ist, hat die sicher einen anderen Wert, als die einzelne Aktie eines Kleinaktionärs. Und wenn die dann noch in der Hand eines enttäuschten Ehepartners liegt! Es kommt also immer darauf an. Letztlich ist entscheidend, wie sich der Wert durch Angebot und Nachfrage regelt.

Wetten, dass Ihnen eine Infor-Aktie, die vielleicht mit vier Euro an der Börse gehandelt wird, viel mehr wert ist, wenn Sie mal die Naturaldividende genossen haben, die mindestens dem Zehnfachen dieses Wertes entspricht? Für diesen Preis würden Sie die Aktie gar nicht mehr hergeben. Oder ein effektives Stück mit schönem Design, zum Kurswert an der Börse würden Sie das nicht mehr verkaufen. Und selbst wenn es zu den „Trümmern des Kapitalismus" wird, es das Unternehmen nicht mehr gibt, muss es noch lange nicht wertlos sein. Oder bei einer drohenden Insolvenz, wenn die Spekulation erst richtig losgeht in der Hoffnung, dass der Verwalter nicht der letzte Verwalter ist. Wie zum Beispiel bei Holzmann. Dort sucht man sein Geld entweder vergebens in Baugruben oder man kann seinen Hausbau doch noch mit einem Gewinn finanziell unterstützen.

Und was sagen der Dax oder ein anderer Index aus? Sie erfassen ja nur bestimmte Werte und dienen vielleicht als Stimmungsbarometer. Über die tatsächliche Bewertung einer einzelnen Aktie und welchen Erfolg oder Misserfolg ein einzelner Aktienbesitzer hat, sagt er letztlich aber nichts aus.

Frank Meller, der „Papa Dax" aus Oberdollendorf, hatte sich sicher auch nicht träumen lassen, dass seine Erfindung mal so Furore macht. Hätte er das damals richtig bewertet und eingeschätzt, wären ihm vielleicht Millionen zugeflossen.

Von der Euphorie in die Panik und umgekehrt, das können Börsenkurse bewirken, dabei sind die Kurse auf dem Papier nur reine Buchungsvorgänge. Also nicht zu viele Emotionen investieren. Wer sich über Gewinne freut, ärgert sich auch über die Verluste. Eine gewisse Gelassenheit schont die Nerven und man bewahrt sich damit einen klaren Verstand.

Jäger, Sammler und Fallensteller, alle sind unterwegs auf diesem Parkett und jeder versucht, sein Schnäppchen zu machen.

Mit Aktien gut essen und gut schlafen, wie geht das?

Mit Sparbüchern gut schlafen, mit Aktien gut essen, diesen in Aktionärskreisen bekannten Spruch nehmen wir wörtlich. Wer wirklich noch sein Geld auf einem normalen Sparbuch angelegt hat, ist zumindest bei seiner Bank ein gern gesehener Kunde, denn so günstig kommen die sonst selten zu Geld. Mancher Börsenspekulant hätte sich aber im Nachhinein mit Rückblick auf die jüngere Börsenentwicklung sicher gewünscht, sein Geld auch so bieder angelegt zu haben. Aber irgendwo dazwischen liegt wohl die Wahrheit. Mit den Aktien muss man es nur richtig machen, das ist nicht nur gut gesagt, sondern auch möglich. Dann kann man sowohl gut schlafen als auch gut essen, trinken noch dazu, das sogar kostenlos und vielleicht noch übernachten im Bett der eigenen Hotelkette zu besonderen Konditionen, wie bei der **Dorint AG** (WKN 554 620) oder der **Steigenberger AG** (WKN 608 800) in deren wunderbaren Hotels.

Nicht zu vergessen das Reisen. Wir werden immer älter bei guter Gesundheit, die Lebenshaltungskosten steigen, die Renten wohl eher nicht, trotzdem wollen wir in unserer Freizeit etwas Sinnvolles erleben. Hier bietet sich mit der „Städtebutterfahrt für bessere Leute" eine vielversprechende Erlebniswelt an: Werden Sie Aktionär, reisen Sie zu den schönsten Hauptversammlungsorten. Fangen Sie im Saarland an und wenn es ihnen gefällt, öffnet sich eine Wundertüte mit immer neuen Möglichkeiten im ganzen Land. Dazu können Sie vielleicht noch kostenlos den ganzen Tag im Nahverkehrsnetz einer großen Stadt mit einer Freikarte fahren, Essen und Trinken auf der Hauptversammlung inklusive, ohne Verpflichtung, ohne

Aktien à la carte

Vertrag, mit Kind und Kegel. Das könnte in Deutschland ein neuer Freizeitsport werden, Aktionärstourismus, ein eigener Wirtschaftszweig. Flohmärkte haben auch einmal klein angefangen.

Und nachts können Sie dann von all diesen herrlichen Dingen träumen, die Ihnen Ihre Aktien ermöglichen.

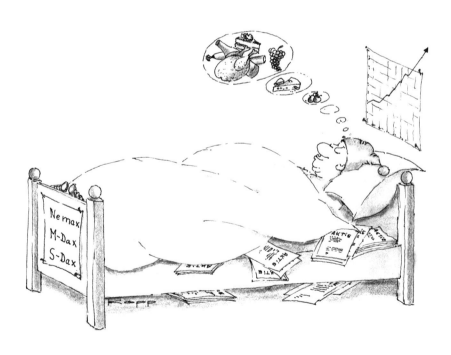

Der siebte Sinn, Spürsinn oder Wahnsinn!

Genießen Sie den Wert der Aktie mit allen sechs Sinnen. Und der siebte Sinn verleiht Ihnen vielleicht noch ein gutes Händchen bei der Auswahl Ihrer Aktien. Dieser Sinn wird geschärft, wenn Sie dann wirklich Aktien von einem Unternehmen gekauft haben. Plötzlich entwickeln Sie ein ganz anderes Interesse an dem Auftreten und der Darstellung des Unternehmens mit seinen Produkten oder Dienstleistungen. Wenn Sie dann noch die Personen der Unternehmensführung selbst auf einer Hauptversammlung erleben, vielleicht verbunden mit einer Betriebsbesichtigung und vielen Gesprächen am Rande mit Mitarbeitern und anderen Aktionären, bekommen Sie schon ein Gespür dafür, was mit dem Unternehmen los oder nicht los ist.

Vielleicht kaufen Sie dann Ihren nächsten Hammer, Ihre Kaffeetasse oder Badewanne auch lieber bei „Ihrem" Unternehmen als bei der Konkurrenz, schließlich tragen Sie dann zur eigenen Umsatzsteigerung bei. Nachrichten über Ihr Unternehmen haben plötzlich eine andere Bedeutung und werden von Ihnen ganz anders wahr genommen. Auch politische Diskussionen und Entscheidungen sieht man vielleicht mit anderen Augen. So ist das, wenn sich die Sinne schärfen. Wenn man sich ein neues Auto gekauft hat, sieht man ab sofort viel mehr Modelle der gleichen Art auf der Straße, stellt Vergleiche an und verfolgt Nachrichten über das Modell mit einer ganz anderen Aufmerksamkeit. So geht das auch bei Aktien.

Aktien à la carte

Breit gestreut - Streubesitz

Machen Sie es wie im Winter bei Glatteis in Ihrer Toreinfahrt mit Streusalz:
Streuen Sie breit. So wie mit den einzelnen Salzkörnern gehen Sie mit Ihrem Geld bei einem Investment in Aktien um. Breit gestreut verteilen, damit Sie auch auf den Rändern nicht ausrutschen und wenn doch, dass Sie nicht zu heftig fallen und noch irgendwo Halt finden.
Je breiter Sie die Zahl der einzelnen Beteiligungen streuen und die Beteiligung an jeder einzelnen AG klein halten, umso mehr können Sie davon profitieren. Nicht nur von der Reduzierung des Risikos, auch von der Anzahl der Hauptversammlungen.
Und noch etwas, werden Sie nicht unruhig, Ihnen läuft nichts davon. Denken Sie daran, wie hoch auch immer wieder die Aktienkurse stiegen, stets sind sie auch wieder gefallen. Lassen Sie sich nicht verunsichern, Sie sind der Chef. ...Ich habe von Aktien ja überhaupt keine Ahnung. Stimmt vielleicht - andere aber auch nicht!!!

Überraschungen
Erstens kommt es anders, zweitens...

Überraschend sind die Entwicklungen, von denen die Börsen immer wieder heimgesucht werden. Immer wieder werden aber auch Aktionäre überrascht, wenn sie über wichtige Angelegenheiten im Unternehmen von den Gesellschaften schlichtweg im Unklaren gelassen werden. Manchmal staunt man, was alles auf der Hauptversammlung verschwiegen wird und von welchen Taten man kurz danach, oft schon am nächsten Tag, erst aus der Presse erfährt. Obwohl man doch noch kurz zuvor selbst bei der Gesellschaft war, hat man dort kein Wort darüber verloren.

Vor zu großen Investitionen in eine einzige Gesellschaft kann man nur warnen. Die Sicherheit ist schon lange draußen, der Markt ist viel härter und schnelllebiger geworden. Abschlüsse zu tätigen wird immer schwieriger und die Konkurrenz schläft nicht. Oft wird nur noch Geld gewechselt, so gering sind die Gewinnmarchen. Bis sich einige Werte wieder erholen, kann lange dauern, nicht nur am Neuen Markt. Solche und ähnliche Einbrüche hat es und wird es immer wieder geben. Wenn es Sie allzu schlimm getroffen hat oder trifft, hat die **Bayer AG** (WKN 575 200) in Köln ja immer noch für leichte bis mittelschwere Fälle das Aspirin. Aber auch das ist nicht ohne Risiken und Nebenwirkungen. Auf jeden Fall bleibt Ihnen noch der Spaß auf Hauptversammlungen. Vielleicht hilft Ihnen dort das Freibier oder der kostenlose Wein oder Sekt. Also streuen Sie breit, wie es auch viele Gesellschaften selbst mit ihrem Streubesitz machen. Und wenn Sie richtig gelegen haben mit Ihrem 7. Sinn, können Sie von den Gewinnen, so Sie welche erzielt haben, neue Beteiligungen kaufen. Wegen dem derzeit schwierigen Marktumfeld sind zur Zeit viele Unternehmen an einem Gang zur Börse oder wenigstens an einer Umwandlung in eine Aktiengesellschaft interessiert.

Und in Aktien à la carte lesen Sie immer etwas über die bekömmlichsten Aktien, bei denen die Lebensfreude nicht zu kurz kommt.

Die Manege der Hauptversammlung

Die Hauptversammlung einer Aktiengesellschaft findet normalerweise einmal jährlich in den ersten acht Monaten nach Ablauf des Geschäftsjahres statt. Sie ist das höchste Organ einer Aktiengesellschaft nach dem Aktiengesetz. In der Hauptversammlung müssen Vorstand und Aufsichtsrat Rechenschaft ablegen über die Angelegenheiten des abgelaufenen Geschäftsjahres und über wichtige Ereignisse im bereits laufenden Geschäftsjahr.

Als Aktionär kann man zwar nicht in die laufende Geschäftsführung eingreifen, das fehlte eigentlich noch zum Glück manchen Aktionärs, man hat aber so genannte Verwaltungsrechte. So hat jeder Aktionär das Recht, an der Versammlung der Aktionäre teilzunehmen. Hier werden die Beschlüsse gefasst, die sich aus dem Aktiengesetz und der Satzung des Unternehmens ergeben, unter anderem:

Verwendung des Bilanzgewinns, also zum Beispiel die Höhe der Dividende, wenn überhaupt ein Gewinn erwirtschaftet wurde, Entlastung von Vorstand und Aufsichtsrat, Wahl des Aufsichtsrats, Satzungsänderungen, Kapitalerhöhungen (und mitunter auch -herabsetzungen), Wahl des Abschlussprüfers.
Der Aktionär hat in der Hauptversammlung ein Auskunftsrecht über rechtliche und geschäftliche Angelegenheiten gegenüber dem Vorstand. In bestimmten Fällen gibt es aber auch ein Auskunftsverweigerungsrecht, zum Beispiel bei Betriebsgeheimnissen. Dieses Thema wird oft mit Begeisterung von beiden Seiten behandelt. Was ist nun wirklich ein Betriebsgeheimnis und was nicht?

Welche Vorstellung wird geboten?

Der erfahrene Aktionär kommt frühzeitig, durstig und hungrig zu seinem Aktionärstreffen, der Hauptversammlung. Damit erspart er sich eine längere Parkplatzsuche, wenn er denn unbedingt mit dem Auto kommen will, und eine mögliche Wartezeit bei der Eingangskontrolle. Dort wird man von netten, freundlichen Damen und Herren des Unternehmens selbst oder einer Gesellschaft, die sich auf die Organisation von Hauptversammlungen spezialisiert hat, sehr freundlich empfangen. Sie leben ja auch von den Aktionären, immerhin den Mitinhabern des Unternehmens, wenn sie auch manchmal ein wenig lästig sind mit ihren Eigenarten. Am Eingang benötigt man die in der Regel von der Bank oder der Gesellschaft zugesandte Eintrittskarte, um an der Hauptversammlung teilzunehmen. Manche Unternehmen, es müssen nicht die mit den schlechtesten Geschäftszahlen sein, machen aus Sicherheitsgründen noch vor dem Betreten der Versammlungsräume Taschenkontrollen. Sie suchen nach Waffen oder anderen Kriegswerkzeugen, und das bei uns friedlich gesinnten Saarländern. Aber es kommen ja auch Leute aus dem „Reich", man kann ja nie wissen zu was jemand in der Lage ist, wenn er oder sie genug Geld verloren hat! Jedenfalls muss man dann eventuell seine Hand- und Aktentaschen auf ein Band legen und wird ein paar Abstreicheleinheiten geduldig über sich ergehen lassen müssen, wie am Saarbrücker Flughafen, wenn wir reisefreudigen Saarländer die große weite Welt erobern wollen. Außer einigen Jutetaschen, natürlich auch von einer Aktiengesellschaft, für eine eventuelle Mitnahme von Proviant für die Heimreise wird man aber wohl nichts finden. Beim Verlassen des Saales wird nicht mehr kontrolliert - weder das Körpergewicht, noch die Taschen, obwohl manche es schon ein bisschen übertreiben, wenn sie den Käse für die nächste Familienfeier auch noch mitnehmen.

Hat man seine Eintrittskarte abgegeben, bekommt man entweder eine Stimmkarte oder einen Stimmkartenblock ausgehändigt, der in Ausnahmefällen auch schon vorher mit übersandt wurde - schließlich haben Sie auch etwas zu melden - egal ob eine oder 100.000 Stimmen. Das sieht Ihr Nachbar auch nicht unbedingt auf dem Block oder der Karte! In dem Block sind Kärtchen, die man für die spätere Abstimmung benutzen kann, aber nicht muss.

Wenn Sie erst mal drin sind, brauchen Sie an diesem Tag hier kein Geld mehr, schließlich ist ja schon alles bezahlt, die Schwaben würden sagen, „verschmerzt"! Hat man sich mit seiner Eintrittskarte angemeldet, holt man sich zunächst am Informationsstand seine Teilnahmebestätigung, entweder für die Spesenabrechnung beim Finanzamt, als Nachweis für zu Hause, wo man gewesen ist oder einfach zur Erinnerung an einen schönen Tag. Danach stattet man sich noch aus mit dem Geschäftsbericht und anderen Hauptversammlungsunterlagen und eventuellen kleineren Naturaldividenden, frei nach dem Motto: „kleine Geschenke erhalten die Freundschaft", Kulis und Schreibblocks und kann dann zunächst einmal das Frühstück in Ruhe genießen, sofern es eines gibt. So gestärkt mit der ersten Naturaldividende kann man dem interessanten Ablauf des Tages gelassen entgegen sehen und seinen Platz im Versammlungsraum einnehmen.

Zu Beginn der Hauptversammlung wird der Versammlungsleiter, in der Regel der Aufsichtsratsvorsitzende, alle für den Ablauf und die Erfüllung der gesetzlichen Bestimmungen wichtigen Formalitäten erläutern. Danach folgt der Bericht des Vorstandes über das abgelaufene Geschäftsjahr, mit mehr oder weniger erfreulichen Inhalten, in dem normalerweise auch die Belange des Unternehmens im laufenden Geschäftsjahr und die Pläne und Perspektiven für die Zukunft erläutert werden. Bei vielen Gesellschaften werden die trockenen Daten und Fakten mit interessanten, das Unternehmen betreffenden Einblendungen über Produkte oder das Unternehmen selbst aufgelockert, zum Beispiel auch mit den neuesten Werbefilmen. Nach dem weiteren Abarbeiten der Tagesordnung wird normalerweise eine Aussprache zu allen Punkten angekündigt, zu der man sich meistens schon vorher an einem Wortmeldetisch anmelden kann.

Die Reden und auch die Bilder werden oft in die Räume außerhalb des Sitzungssaales übertragen, auch in die Verpflegungszone. So kann man ohne etwas zu versäumen den Saal verlassen, um vielleicht mal zu sehen, was es nachher, manchmal auch schon gleich, an Köstlichkeiten gibt.

Sollten Sie die Hauptversammlung zwischendurch oder vorzeitig verlassen wollen, um vielleicht einen kleinen Stadtbummel zu unternehmen oder Sehenswürdigkeiten zu besichtigen, melden Sie sich einfach vorübergehend ab, indem Sie nur den freundlichen Damen und Herren am Ausgang mitteilen, nicht wo Sie hingehen, sondern das Sie wiederkommen wollen. Zum Essen können Sie dann rechtzeitig zurückkommen. Niemand zwingt Sie, während der ganzen Dauer oder bis zum Ende der Hauptversammlung dort zu bleiben. Sie können auch beim Verlassen jemandem die Vollmacht oder Untervollmacht erteilen, zum Beispiel Onkel Karl, weil der gerade von der Frühschicht kommt, oder einem anderen Aktionär oder auch niemandem.

Aber es kann durchaus interessant sein, dem Ablauf der Erläuterungen, Fragen und Antworten rhetorisch sehr begabter Vorstände und Aufsichtsräte, Aktionärssprecher oder Aktionäre zu folgen. Dabei erfährt man mitunter eine Menge über das Unternehmen, über das Aktienrecht, lernt das Management des Unternehmens besser kennen und manchmal etwas für's Leben. Hinzu kommen eventuell wichtige Informationen zum laufenden Geschäftsjahr, die für ein Investment als Aktionär sehr aufschlussreich sein können.

Auch der kleinste Aktionär kann in der Hauptversammlung unter Ausübung seiner Rechte manchen Vorstand und Aufsichtsratsvorsitzenden, trotz Beratung durch die Rechtsabteilung im Hintergrund, dem „Backoffice", ins Schlingern bringen, wenn es um Fragen zur Geschäftsordnung, Formalien oder die Beantwortung und Nichtbeantwortung mancher Detailfrage geht. Deshalb ist man auch bedacht, niemanden zu verärgern und die Aktionäre, ob groß oder klein, gnädig zu stimmen, was nicht immer gelingt.

Aktien à la carte

*Ist der Aktionär auch klein,
zufrieden soll er trotzdem sein.
Sonst wird zum „Bulle" oder „Bär",
am Rednerpult der Aktionär.*

Die Abstimmung oder die Stunde der Wahrheit

Die Abstimmung am Ende einer Versammlung wird in den meisten Fällen nach dem „Subtraktionsverfahren" durchgeführt. Das heißt, wer einem Tagesordnungspunkt zustimmen will, braucht keine Stimme abzugeben und wird als Ja-Stimme gezählt, nur wer sich enthalten oder mit Nein stimmen will, muss überhaupt eine Stimme abgeben. Sind Sie also so hungrig, dass Sie das Ganze nicht interessiert, kann Sie niemand zwingen beispielsweise vom Bier- oder Brötchenstand in den Saal zu gehen, in dem die Abstimmung erfolgt. Wenn Sie überhaupt nichts dort zu tun haben wollen - auch gut - die Gesellschaft wird's nicht ärgern, denn Sie stimmen ja schließlich zu.

Seltener erfolgt die Abstimmung nach dem „Additionsverfahren". Hier werden die tatsächlich abgegebenen Ja- und Nein-Stimmen gezählt. Diese Stimmen werden addiert und ergeben so das Abstimmungsergebnis. Nicht abgegebene Stimmen werden in der Regel nicht gewertet. Bei dieser Form der Abstimmung müsste man also auch bei Zustimmung zu den Tagesordnungspunkten eine Stimme abgeben.

Meine Stimme, was ist die schon wert? Falsch gedacht, wenn Sie meinen, sie sei nichts wert. Was glauben Sie, wie viele Vorstände und Aufsichtsräte stolz darauf sind, Einstimmigkeit oder zumindest eine ganz große Zustimmung zu erhalten. Also jede - auch Ihre Stimme zählt! Und außer in der Abstimmung kann man auch mit einer Stimme eine Menge Ärger machen.

Beim anschließenden, oft gemeinsamen Büfett, ist man meistens wieder zu versöhnlichen Gesten bereit, wenn auch der

Vorstand in der Schlange steht und sich persönlich zu mancher Frage äußert. Vieles ist eben sehr banal.

Organe der Gesellschaft

Auf dem Podium sitzen in der Regel die Mitglieder des Vorstandes, die Mitglieder des Aufsichtsrats und ein Notar, manchmal auch der Wirtschaftsprüfer. Der Aufsichtsrat ist das Organ der Gesellschaft, das von den Aktionären selbst in der Hauptversammlung gewählt wird. Dazu kommen, je nach Größe der Gesellschaft, noch die von der Belegschaft gewählten Arbeitnehmervertreter. Dieser Aufsichtsrat hat die Aufgabe, „Aufsicht" zu üben über die Arbeit des Vorstandes, den er auch selbst für das Unternehmen einstellt, und „Rat" zu geben unter anderem bei zustimmungspflichtigen Entscheidungen im Unternehmen. Er führt nicht das operative Geschäft, hat aber wesentliche Entscheidungskompetenzen. Normalerweise trifft man sich in regelmäßigen Sitzungen und prüft unter anderem die Abläufe im laufenden Geschäftsjahr. Der Aufsichtsrat wählt seinen Aufsichtsratsvorsitzenden, der in der Regel auch die Hauptversammlung leitet, wie man das so ähnlich auch vom Kaninchenzüchterverein kennt. Er muss sich um die „hoffentliche" Einhaltung der Formalitäten und der Tagesordnung kümmern, stellt die Rednerliste zusammen und lässt neben dem Vorstand auch die Aktionäre zu Wort kommen. Er bestimmt die Abstimmungsformen, verkündet die Abstimmungsergebnisse, er ist also für den Ablauf der Hauptversammlung verantwortlich - und das ist nicht immer einfach! Er pfeift das Spiel an und kündigt gegebenenfalls auch die Verlängerung an, was für alle nicht so schön ist und noch schlimmer sind Wiederholungsspiele.

Formfehler in der Hauptversammlung können schlimme Folgen haben, und das ist, wie Sie vielleicht ahnen, ein weites Feld, das die Gesellschaft auch über lange Zeit an der Umsetzung der Beschlüsse hindern kann. Da muss direkt reagiert und agiert werden, ohne Netz und doppelten Boden und alles unter Zeitdruck. Darüber hinaus gibt es noch Fehlerquellen vor und nach der Hauptversammlung, bei der Einladung, Veröffentlichung, beim Protokoll, bei der Beantwortung oder Nichtbeantwortung von Fragen, und so weiter und so weiter. Ein schwieriges Thema.

Mit diesen und ähnlichen Beiträgen setze ich mich später in einem anderen Buch unter dem Titel **Der kritische „Klein"-Aktionär** eingehender auseinander.

Dies dürfte mit Beiträgen anderer Hauptversammlungsakteure auf den mittlerweile über 6000 Hauptversammlungen, kommen außerordentliche hinzu sind es noch mehr, von Aktiengesellschaften die dem breiten Publikum offenstehen und weiteren 7000 Kapitalgesellschaften, also insgesamt 13.000 Aktiengesellschaften (AG) in der Bundesrepublik Deutschland eher ein Werk werden, das vorwiegend von Vorständen, Aufsichtsräten und anderen wichtigen Personen bestellt werden dürfte.

Im **Vorstand** sitzen die Manager, in der überwiegenden Zahl immer noch Männer, die vom Aufsichtsrat für das Unternehmen eingestellt werden und die für die eigentliche Arbeit an der Spitze verantwortlich sind und auch am meisten verdienen. Manchmal auch durch Abfindungen, wenn der Vertrag vorzeitig aufgelöst wird - aber wer bekommt schon, was er verdient, der eine zu viel, der andere zu wenig. Bei manchen Gesellschaften kann man nur staunen, was ein einzelner

Mensch, dessen Tag auch nur 24 Stunden hat, verdient oder mit was er abgefunden wird.

Der Notar - einer der wenigen, der neben den juristischen Beratern an diesem Tag zusätzlich etwas verdient - muss bestimmte Ereignisse während der Hauptversammlung protokollieren, bei Bedarf zur Niederschrift bringen und unter anderem die Abstimmung kontrollieren.

Der Wirtschaftsprüfer wird jedes Jahr erneut von der Hauptversammlung gewählt. Meist prüft er schon über viele Jahre die Wirtschaft des Unternehmens und gibt sein Testat. Was der Wirtschaftsprüfer vor der Hauptversammlung prüft, prüfen die Aktionäre dann in der Hauptversammlung, nämlich die Wirtschaft, das heißt die Bewirtung. Das Honorar ist zwar etwas geringer, aber dafür mit mehr Vergnügen verbunden. Wenn das zukünftig auch noch im Geschäftsbericht veröffentlicht würde, könnte der mit noch größerer Begeisterung gelesen werden.

Im Vorfeld und im Hintergrund einer Hauptversammlung agiert oft eine große Anzahl von Mitarbeitern, Juristen und Organisationsfirmen für die verschiedensten Bereiche, die für einen reibungslosen und die Aktionäre zufrieden stellenden Ablauf sorgen und die alle Antworten erarbeiten, die während der Versammlung gegeben werden müssen - oder auch nicht. Es soll schon Hauptversammlungen in der jüngeren Vergangenheit gegeben haben, wo Rechtsanwälte sogar als Türsteher fungierten und die Anzahl der anwesenden Juristen höher war als die der erschienenen Aktionäre, woran ich nicht ganz unschuldig war. Vom Parkwächter über die Garderobenfrau, vom Personal am Infostand bis zum Koch in der Küche, alle sorgen für das Wohl des Aktionärs.

Die Präsenzzone

Hat sich der Aktionär mit seiner Eintrittskarte angemeldet, darf er die Hauptversammlung, ohne sich abzumelden, nicht mehr verlassen und sich auch nur im vorgegebenen Präsenzbereich (Präsenzzone) aufhalten und keinen anderen Ausgang benutzen, als den vorgesehenen. Das wird in der Regel auch streng kontrolliert, weil sonst ein ganzes Abstimmungsergebnis in Frage gestellt werden könnte. Zum Glück gehört die Verpflegungszone bei den meisten Versammlungen zur Präsenzzone, so kann man sich auch zwischendurch schon mal stärken. Schon manchmal lustig, wenn die Toiletten nicht dazugehören, und man sich immer vorübergehend abmelden muss, wenn man mal muss! Noch lustiger wird es, wenn ein Aktionär während einer laufenden Abstimmung, bei der niemand die Versammlung verlassen darf, mal muss, und diese zögerlich von statten geht.

Lange gewartet, um auch den letzten Redner und die letzte Antwort noch zu hören, möchte der Aktionär jetzt endlich einem dringenden menschlichen Bedürfnis nachkommen und dazu den Präsenzbereich verlassen. Jetzt kommt er aber direkt in die Abstimmung, bei der niemand die Versammlung verlassen darf, um die Präsenz nicht zu verändern. Unstimmigkeiten und Formfehler, Zwischenfragen und die Kontrolle der Präsenzliste durch Mitaktionäre verzögern jetzt aber die Abstimmung. Er, auf glühenden Kohlen sitzend und schwitzend, ein baldiges Ende der Abstimmung herbeisehnend, hat schon eine schlimme Befürchtung, die jetzt, wo er sich endlich erheben darf, auch schreckliche Wahrheit wird: er schafft es nicht mehr, mit fatalen Folgen - die Hose ist voll.

Aktien à la carte

„Hose her, schon gibt's was auf die Ohren!"

Der Aufsichtsratsvorsitzende, vom betroffenen Aktionär heftig attackiert wegen seiner Freiheitsberaubung, muss seine eigene Hose herunter lassen und gibt sie dem Aktionär, macht in seinen Unterhosen weiter, um größeren, schwerwiegenden Schaden von der Gesellschaft abzuwenden und die Hauptversammlung noch zu einem guten Ende zu bringen. Das alles ist zwar frei erfunden, aber filmreif könnte es schon sein.

So manches Opfer muss er bringen,
soll die HV auch echt gelingen.
Nicht nur der Vorstand „lässt die Hosen runter,"
wenn kritische Details gibt kund er.

Wortmeldung
Zwischen Imagegewinn und Prestigeverlust

Wortmeldung - die Waffe des Kleinaktionärs, geliebt und gefürchtet bei Vorständen, Aufsichtsräten, Anwälten und anderen Aktionären, mitunter eingesetzt als „Waffe des kleinen Mannes" beim Spiel **„David gegen Goliath"**. Jeder kommt zu Wort, auch wenn er **nur eine einzige Aktie**, also eine Stimme hat. Selbst wenn er keine eigenen Aktien besitzt, aber eine Eintrittskarte auf ihn ausgestellt ist oder er eine Vollmacht erhält, kann er in der Hauptversammlung das Wort ergreifen. Sollte man sich selbst auch genötigt sehen, die eigene Meinung kundzutun, kann man seine Wortmeldung bei den meisten Gesellschaften an einem Wortmeldetisch anmelden. Bei kleineren Gesellschaften geht es oft unförmlicher zu, dort genügt ein Handzeichen, um zu Wort zu kommen. Wichtig für die Einhaltung der gesetzlichen Vorschriften ist, das jeder die Möglichkeit bekommt, seine Fragen zu stellen, um anschliessend juristische Probleme zu vermeiden. Schwierig wird es für den Versammlungsleiter auch, wenn die Rednerliste so lang ist, dass die Versammlung nicht bis Mitternacht, also noch am gleichen Tag, beendet werden kann. Es gibt schon Gesellschaften, die bei strittigen Themen die Hauptversammlung bereits für zwei Tage einberufen haben, so zum Beispiel bei der Höchst AG.

Hier befindet man sich auf juristisch sensiblen Parkett, deshalb sollte auch das, was man zu sagen hat, zumindest wenn es um juristische Dinge geht, Hand und Fuß haben und das Aktiengesetz und seine wichtigsten Kommentare sollten dann auch beherrscht werden.

Das Podium der Hauptversammlung dient schon manchmal als Bühne der Darstellung oder Selbstdarstellung. Frauen erscheinen eher selten auf ihr, weder im Vorstand oder Aufsichtsrat, noch als Redner aus dem Kreis der Aktionäre. Vielleicht handelt es sich doch eher um eine Arena der männlichen Selbstdarstellung, wenn sonst schon niemand mehr zuhört oder man nichts mehr zu sagen hat, findet man hier ein gutes Podium! Auf einem großen Bildschirm gesehen und von so vielen gehört zu werden befriedigt möglicherweise manch männliche Eitelkeit, wann hat man sonst schon mal diese Gelegenheit. Zugeben würde das natürlich niemand, es könnte ja auch nur sein, Männer sind ja auch nicht eitel.

Überwiegend gibt es aber wichtige Beiträge, die zur Aufklärung zweifelhafter Geschäftstätigkeiten, unklarer Inhalte im Geschäftsbericht oder vielleicht den Kleinaktionär benachteiligender Beschlussvorlagen beitragen.

Aktien à la carte

Der die Sitzung leitende und für die Einhaltung der Formalitäten zuständige Aufsichtsratsvorsitzende hat da schon manchmal ernsthafte Probleme mit seinen Aktionären. Will er Rednern die Zeit kürzen oder sie zur Änderung ihres mitunter lang vorbereiteten Konzeptes veranlassen, weil „der" oder „die", meist „der", einen ausschweifenden Exkurs durch die eigene Lebensgeschichte aufbietet, die letzten Urlaubs- oder Hauptversammlungserlebnisse und für alle hoch interessante, persönliche politische Einschätzungen emotional gewürzt darbietet, was die „Roten" wieder machen und die „Schwarzen" wieder lassen, erfolgt, gerade als er bei den „Grünen" ansetzen will, der Ordnungsruf von dem entnervten Vorsitzenden, doch endlich zur Sache zu sprechen. So, nach seiner Meinung zu unrecht kritisiert, kann das, je nach Widerstandskraft und Darstellungswillen des Aktionärs, für den weiteren Verlauf seines Beitrages schlimme Folgen haben. Er sucht nun unter Einbringung seines vorliegenden Konzeptes noch zusätzlich den Bezug zur Sache, stellt seine Kriegserlebnisse, seine entbehrungsreiche Jugend, die einzelnen Phasen seiner persönlichen Entwicklung bis zur Gegenwart, die Anzahl und den Werdegang seiner Kinder und die Erkrankung von Tante Erna, könnte bei einer Pharmafirma ja vielleicht nützlich sein, jetzt in Verknüpfung zur Unternehmenspolitik dar, in der Hoffnung, dadurch nicht mehr unterbrochen zu werden. Jetzt sucht er verzweifelt nach dem roten Faden in seinem so mühsam und sorgfältig vorbereiteten Konzept, den er aber erwartungsgemäß nicht mehr finden kann. Vom Publikum mit „Buh"-Rufen zum Aufhören aufgefordert, verlässt er enttäuscht und verärgert das Rednerpult. Ist dann noch sein Kegelclub anwesend, denen er mal seine Fähigkeiten demonstrieren wollte, ist seine Blamage um so größer. Auf Rehabilitierung seines guten Rufes bedacht, meldet er sich noch mehrere Male zu Wort, um mit doch noch wichtigen Fragen zu glänzen, sinnt aber gleichzeitig schon darüber nach, wie er sich auf der Hauptversammlung im nächsten Jahr für die erlittene Schmach rächen kann. So ist sein schöner Hauptversammlungstag und die ganze Arbeit verdorben, da nützt dann auch das gute Essen nichts mehr, höchstens noch das Freibier.

Manchmal könnte man schon meinen, bei kostenlosem Eintritt einer Kappensitzung beizuwohnen. Wenn auch der Aufsichtsratsvorsitzende ein humorvoller Mensch ist und den rhetorisch noch ungeübten Redner am Mikrofon mit aufmunternden Worten unterstützt oder andere Wortbeiträge entsprechend kommentiert, wenn auch manchmal am Ende seiner Nerven, gibt es oft richtig was zu lachen. Schließlich will man niemanden verärgern und wenn es etwas zu lachen gibt, trägt das auch zur guten Stimmung und Atmosphäre bei. So sinn se halt, die Leit.
Auch mancher Betriebsangehöriger hat hier schon seine große Chance erkannt, um auf sich aufmerksam zu machen. Mutig meldet er sich zu Wort, die gute Gelegenheit nutzend, seinen obersten Bossen mal endlich etwas zu sagen. Ob es wirklich eine gute Gelegenheit war - das wird er später erfahren, aber eine Gelegenheit war es schon. Selbst als Podium für bereits entlassene Mitarbeiter eignet sich die Hauptversammlung. Durch sein Insiderwissen können die Fragen den Vorstand durchaus in Bedrängnis bringen. Bei noch entsprechender rhetorischer Begabung kann eine Stimmung im Saal letztlich erheblich beeinflusst werden.

Aktien à la carte

Eine weitere Möglichkeit bietet sich jungen, dynamischen, auf Jobsuche befindlichen Menschen. Hat das Vorstellungsgespräch beim Personalchef, wenn es überhaupt dazu gekommen ist, trotz des besuchten Rhetorikkurses: „Wie bewerbe ich mich richtig", nicht zu dem gewünschten Erfolg geführt, könnte man es einmal am Rednerpult auf der Hauptversammlung versuchen. Hier, auf dem Großbildschirm ins rechte Licht gerückt, besser als jedes Bewerbungsfoto die wahre persönliche Ausstrahlung widerspiegeln könnte, kann man mit seinen rhetorischen Fähigkeiten glänzen. Nach sorgfältigem Studium des Geschäftsberichtes wartet man mit intelligenten fundierten Fragen auf, um sich so den erfolgreichen Weg in die Zukunft zu erschließen. Hat man keine eigenen Aktien, weil das Taschengeld dafür noch nicht ausreicht oder für wesentlich wichtigere Dinge benötigt wird, überredet man vielleicht den Patenonkel zum Kauf und der Bestellung der Eintrittskarten, schließlich muss ihm etwas an der persönlichen Entwicklung liegen. Und um reden zu dürfen, muss man kein Aktionär sein.

Eine andere Spezies am Rednerpult ist der rhetorisch ungeübte Redner. Oft mit fundiertem Wissen ausgestattet, die Unternehmenspolitik seit Jahren oder sogar Jahrzehnten verfolgend, hat er endlich, nachdem er all die vielen Jahre nur zugehört hat, den Mut gefasst, ebenfalls das Wort zu ergreifen. Am Rednerpult angekommen, verlässt ihn beim Anblick der vielen Zuhörer der Mut. Im Wissen um seine Darstellung auf dem Großbildschirm und die Übertragung über die Mikrofonanlage in jeden Winkel, vergisst er sämtliche mühsam ausgearbeiteten Fragen. Ihm kann der wohlwollende Versammlungsleiter durch kleine Aufmunterung vielleicht doch noch zu seinem Erfolgserlebnis verhelfen, der Redner wird es ihm danken. So kann doch auch er seiner Frau mal zeigen, welche ungeahnten Fähigkeiten in ihm stecken.

So hat also der „Moderator" dieser Veranstaltung mitunter vielfältige Herausforderungen zu bestehen, denen er nicht immer gewachsen ist. Auch an der Gestaltung der Rednerliste kann man den erfahrenen oder gut beratenen Aufsichtsratsvorsitzenden erkennen. Die professionellen Redner, häufig Vertreter von Aktionärsvereinigungen, die hier einige ihrer Brötchen verdienen, stehen meist am Anfang, bekannt unliebsame Redner eher am Ende der Liste. Das hat den Vorteil, dass sich zu späterer Stunde die Reihen bereits gelichtet haben, weil das Aktionärsvolk schon müde und hungrig zum Büfett geeilt ist und an Redebeiträgen nur noch wenig interessiert ist. Meldet sich in der Hauptversammlung niemand zu Wort, gefällt das den meisten Akteuren auf der Bühne auch nicht. Schließlich hat man sich in mühevoller Arbeit auf die möglichen Fragen vorbereitet und möchte das auch zeigen.

Bestimmte Fragen beantwortet man sehr gerne und sehr ausführlich, andere muss man eben in Kauf nehmen. Würde man das alles schon in den „Bericht des Vorstandes" hineinpacken, wäre die Anzahl der dahin dämmernden Aktionäre der ganzen Atmosphäre nicht besonders zuträglich, deshalb macht man das lieber unter dem Tagesordnungspunkt „Aussprache".

Die Fragen der Redner werden oft gesammelt und später beantwortet, wodurch es den juristischen Profis im „Backoffice" hinter der Bühne möglich wird, diese sorgfältig zu prüfen und zu recherchieren. Bei kleineren Gesellschaften ist der Vorstand meist in der Lage, alles direkt zu beantworten.

Herrschen nur Friede, Freude und Eierkuchen im Aktionärsvolk, könnte zusätzlich der Eindruck entstehen, die kämen alle nur wegen dem Essen und Trinken - aber nicht doch! Also ist man letztlich um eine bestimmte Anzahl von Rednern schon froh, nur die richtigen müssen es sein, sonst war die ganze Vorbereitung für die Katz. Vor der Beendigung der Aussprache gibt es übrigens bei den meisten Gesellschaften keine alkoholischen Getränke. Hicks!

Anderer Meinung?

Nicht nur in der Hauptversammlung, sondern auch schon vorher kann jeder Aktionär seine Meinung kundtun, indem er **Gegenanträge** zu den veröffentlichten Tagesordnungspunkten schriftlich an das Unternehmen stellt. Allerdings verlangen veröffentlichungspflichtige Gegenanträge eine etwas kompliziertere Prozedur. Sie müssen innerhalb einer bestimmten Frist nach Veröffentlichung der Hauptversammlungstagesordnung im Bundesanzeiger der Gesellschaft zugegangen sein. Nur in den seltensten Fällen bringt es überhaupt etwas.
Entschließt man sich doch dazu, schickt man den formulierten Antrag mit einer inhaltlichen Begründung unter Nachweis seiner Aktionärseigenschaft an das Unternehmen. Das Unternehmen muss den Gegenantrag dann, wenn alle Formvorschriften gewahrt wurden, auch veröffentlichen und an alle anderen Aktionäre versenden und in der Hauptversammlung verlesen, beziehungsweise begründen lassen.
Bei der Abstimmung darüber in der Hauptversammlung sind die Erfolgschancen allerdings gering, weil oft Bankenvertreter mit entsprechenden Vollmachten oder Großaktionäre im Sinne

der Verwaltung stimmen, also den Vorschlägen der Verwaltung in der Tagesordnung, so wie sie veröffentlicht wurden, zustimmen. Wie überhaupt bei jeder Abstimmung über die einzelnen Tagesordnungspunkte. Es gibt aber auch Ausnahmen, wo Kleinaktionäre trotz geringer Stimmenzahl etwas bewegt haben - aber es ist eben sehr schwierig bis unmöglich, gegen ganze Heerscharen von Anwälten und den gesamten Apparat einer Aktiengesellschaft erfolgreich zu kämpfen, besonders als Einzelner.

Man muss ja auch nicht, man kann sich auch nur mit den schönen Seiten beschäftigen, die Aktien bieten.

Aktien à la carte

Grenzenlos genießen – das Saarland

Schlemmen mit Saar-Aktien und dabei französische Lebensart und Kochkunst genießen, eine wunderbare Gelegenheit für Leute aus dem „Reich", das Saarland mit seinen vielen schönen und interessanten Seiten kennen zu lernen. Schon in der Antike wusste man die klimatischen und landschaftlichen Vorzüge dieser Region zu schätzen, wie viele Ausgrabungen, die man heute besichtigen kann, belegen. Man kauft sich Aktien saarländischer Unternehmen, um mit dem Besuch der Hauptversammlungen, von denen viele im Wonnemonat Mai stattfinden, eine Reise durch die Region Saar-Lor-Lux zu verbinden. So mancher Erstbesucher kommt aus dem Staunen nicht heraus, was dieses kleine Land in dieser reizvollen Grenzregion landschaftlich und kulturell zu bieten hat.

Über die Saarländische Tourismuszentrale bekommt man die aktuellen Angebote und Informationen, die die vielfältigen Möglichkeiten aufzeigen, auch aus dem Internet unter www.tourismus.saarland.de. Auch eine preiswerte Unterkunft zu finden ist kein Problem. Der Ausflug kann beginnen in der sehens- und erlebenswerten Landeshauptstadt Saarbrücken, wo auch die meisten Hauptversammlungen stattfinden. Mit einzigartiger Barockkirche, Museen, dem idyllischen St. Arnual, dem Schloss, dem Deutsch-Französischen Garten nahe der Grenze und der Altstadt mit St. Johanner Markt, wo man in den vielen Restaurants und Kneipen auch im Freien die französische oder regionale Küche oder nur sein saarländisches Bier unter freundlichen Saarländern genießen kann, bietet sich für jeden Besucher eine vielfältige Auswahl. Auch eine Schifffahrt auf der Saar bis ins Nachbarland Frankreich, oder ein Besuch der Spicherer Höhen direkt an der Grenze, wo historische Schlachten geschlagen wurden, bieten sich an. Weitergehen kann die Reise zu dem Weltkulturerbe Völklinger Hütte mit den eindrucksvollen, gigantischen Industrieanlagen, einem einmaligen Zeugnis einer vergangenen Industrieepoche. Von dort kommt man an der Saar entlang nach Saarlouis, der Stadt mit dem besonderen französischen Flair und zur Saarschleife bei Orscholz, einem landschaftlichen Höhepunkt mit einmaliger Aussicht. Nicht weit von hier liegt Mettlach, der traditionsreiche Sitz von V&B. Ein interessanter Ort nicht nur wegen der historischen Gebäude und der Ausstellung von V&B, auch eine Vielzahl schöner Geschäfte lädt zum günstigen Einkauf der Produkte ein, vor allem für Frauen ein Genuss.

Auf der Strecke liegt auch Merzig, der Hauptversammlungsort der V&B AG. Er lädt ein zu einem Bummel durch die Fußgängerzone und zur Besichtigung der ältesten romanischen Kirche des Landes. Wer noch mehr Zeit hat, kann das europaweit bekannte Wolfsgehege im Stadtwald besichtigen.

Von hier aus ist es nur ein Katzensprung in das benachbarte Luxemburg, auch immer eine Reise wert. An der Saar entlang finden Radfahrer ideale Bedingungen für eine Radtour. Und nicht nur hier, auch die Barockstadt St. Wendel mit einer landschaftlich äußerst reizvollen Umgebung und dem Bostalsee hat sich in den letzten Jahren als Radfahrerparadies sogar internationalen Ruf erworben. Selbst die „Tour de France" geht durch das Saarland, das könnte noch ein zusätzlicher Anreiz für einen Besuch sein.

Kohle und Stahl, einst die wichtigsten Standbeine der saarländischen Wirtschaft, spielen auch heute noch eine große Rolle, aber ein wesentlicher Strukturwandel ist bereits vollzogen und wird weiter verfolgt.

Allein die dem breiten Publikum offen stehenden Aktiengesellschaften im Saarland, von denen in diesem Buch die Rede ist, bieten Arbeitsplätze für weit mehr als 35.000 Menschen. Viele neue innovative Unternehmen entstehen, nicht zuletzt auch aus dem Bereich der namhaften Universität des Saarlandes. Deren Entwicklungen sind auch für den Aktionär sehr interessant oder können es noch werden, weil gerade diese jungen Unternehmen zukünftig Aktiengesellschaften werden könnten.

Es ist noch nicht lange her, da haben Saarländer fünf mal in ihrem Leben die Identität gewechselt, und natürlich auch die „Kohle", das liebe Geld. Auch das hat die Mentalität der Saarländer geprägt, Toleranz, Offenheit, Lebensfreude mit einer Portion Selbstironie, zeichnen ihn aus. Die richtige Kohle kann man auch noch sehen, aber mittlerweile selten, wenn dann „Unter Tage" in einem Lehrstollen oder im Bergwerksmuseum. Vom Kohlestaub vergangener Zeiten ist außer begrünten Kohlehalden nichts mehr zu sehen.

Ein ausgewanderter Saarländer kommt immer wieder heim, sagt man, so geht es nicht nur ehemaligen Parteivorsitzenden. Das spricht für die vielen Vorzüge dieses Landes und die freundliche Mentalität und das Miteinander der Saarländer. Es gäbe noch viel zu erwähnen über das Land von Nicole, Ingrid Peters, Heinz Becker, Manfred Sexauer und Kommissar Palü, selbst eine Miss Germany kam schon von hier, und von diesen Schönheiten gibt es bei uns noch viel mehr. Auch im Fußball haben die Saarlander ihren Mann gestanden wie z.B. Jupp Derwall oder Herrmann Neuberger. Aber dort sieht es momentan ansonsten etwas traurig aus, aber hier wie an der Börse gibt es auch einmal schlechte Zeiten.

Und wenn man dann seinen Ausflug beendet hat und sitzt in einem der gemütlichen Lokale oder im Freien, lässt sich verwöhnen von der hervorragenden saarländischen Küche und genießt sein saarländisches Bier, könnte es sein, dass man sich zufrieden zurücklehnt und denkt: „Einfach schön ist es hier, das hätte ich nicht erwartet. Die Investition hat sich gelohnt." Mit und durch Aktien schlemmen, reisen und sich bilden, Interesse entwickeln an der wirtschaftlichen Entwicklung eines innovativen, schönen und von besonderer Herzlichkeit geprägten Landes.

Bonjour und Salü im Saarland.

Peter Müller, Ministerpräsident des Saarlandes: *„Verbundenheit mit Wirtschaftsunternehmen durch den Besitz von Aktien erhöht auch das Interesse an Wirtschaftspolitik und deren Entscheidungen. Dadurch kann sich der Blickwinkel ändern und vieles verständlicher werden. Was ist unsere Gesellschaft ohne funktionierende Unternehmen, egal in welcher Größenordnung? Wenn man das auch als Aktionär besser versteht, ist vieles erreicht. Die verstärkte Beteiligung von Bürgern an Unternehmen, sei es als Mitarbeiter oder als Anleger, ist ohne Zweifel ein wichtiges Ziel."*

Aktien à la carte

Ministerpräsident Peter Müller

Aktien à la carte

Die saarländischen Gourmet - AGs

mit dem in „Aktien schlummernden Schlemmerwert"

In dem nun folgenden Kapitel werden die elf Aktiengesellschaften und ihre Hauptversammlungen im Saarland näher beschrieben.

Um den Appetit auf die Gourmet-Aktien anzuregen wird hier serviert, was den Aktionären auf den einzelnen Hauptversammlungen geboten wurde.

Das kann sich sehen lassen, da kann man wirklich auf den Geschmack kommen! Jedes Jahr gibt es wieder neue Überraschungen, auf die man sich schon freuen darf. Ein Besuch der Hauptversammlungen lohnt sich immer, nicht nur, aber auch wegen der hervorragenden Bewirtung, wie man an den Speisekarten sehen kann.

Die aufwendigen Bemühungen der einzelnen Aktiengesellschaften um das Wohl ihrer Aktionäre sorgt insgesamt für eine ausgesprochen angenehme Atmosphäre, in der man sich wirklich wie ein Mitinhaber fühlen kann.

Und für den wissensdurstigen Aktionär in spe gibt es auch eine Unternehmensbeschreibung, damit er einen Einblick bekommt, wer sich mit was in der saarländischen Wirtschaft und darüber hinaus beschäftigt.

Auf der saarländischen Speisekarte stehen folgende, überwiegend gut bekömmliche Aktiengesellschaften:

Aktien à la carte

Wendelin von Boch, Vorstandsvorsitzender

Aktien à la carte

Villeroy & Boch AG

Ein Unternehmen im Saarland mit über 250-jähriger Firmengeschichte, in der 8. Generation geführt unter demselben Namen. Einem Namen, der weltweit bekannt und von Bedeutung ist, einem Familienname, der gleichzeitig ein unbezahlbarer Markenname ist, das älteste Industrieunternehmen mit Weltgeltung. Adel verpflichtet, traditionsbewusst und zukunftsorientiert ist nur die Keramik zerbrechlich, aber auch daran wird schon gearbeitet, wie an vielen anderen Innovationen auch.

Auf dem Weg vom Steinzeug aus dem lothringischen Dorf Audun le Tiche im Jahr 1748 bis zum weltweit drittgrößten Anbieter von Geschirr hat das Unternehmen mit seinen Mitarbeiterinnen und Mitarbeitern so mancher Krise getrotzt. Weitere Konzernsäulen sind Fliesen, Bad und Küche, Tischkultur, und neu hinzugekommen der Bereich Wellness.

Seit Jahrzehnten im Saarland, und nicht nur dort, ein wichtiger Arbeitgeber, ist der Name zudem ein Aushängeschild für das Land und ein Begriff für Qualität, Schönheit und Ambiente. Mit insgesamt 10 000 Mitarbeitern, 19 Produktionsstandorten in elf europäischen Ländern, Vertrieb in 125 Ländern und einem Konzernumsatz von rund 975 Mio. Euro erntet das Unternehmen viel Lob und große Anerkennung aus vielen Bereichen der Wirtschaft.

Mit Klasse statt Masse und neuen innovativen Entwicklungen behauptet man sich im hart umkämpften Markt, zum Beispiel auch mit neuen Beschichtungen für Sanitärkeramik und Wandfliesen, die Schmutz abweisende oder antibakterielle Eigenschaften haben. Gute Aussichten also nicht nur für das

Aktien à la carte

Unternehmen, sondern auch für alle Hausfrauen und -männer:

„V&B in Bad und WC, kaum verschmutzt und schnell geputzt".

Seit 1987 Aktiengesellschaft und seit 1990 an der Börse, erlebte man Mitte der 90er Jahre eine tiefe Krise, was auch die Aktionäre zu spüren bekamen. Seit der Übernahme der Unternehmensführung durch Vorstandschef Wendelin von Boch im Jubiläumsjahr 1998 gab es im Unternehmen einen unglaublichen Modernisierungsschub, der auch manchen Mitarbeiter staunen ließ.

Mit einem totalen Sanierungskonzept, mit der Neuausrichtung und Erweiterung der Sparten, setzt Wendelin von Boch neue Maßstäbe im Unternehmen mit seiner Vision, zum führenden Lifestyle-Anbieter für den gehobenen Wohnbereich und eines kompletten Ausstattungsangebotes für Bad, Küche, Tischkultur und Wellness zu werden.

Im „House of Villeroy und Boch" wird dieses Konzept in mehr als 1100 Shop-in-Shop Einrichtungen weltweit präsentiert, alle Unternehmensbereiche in realen Raumsituationen, von der Kaffeekanne bis zur Badewanne, allein das Ambiente ist schon einen Besuch wert.

„Mit Einrichtungen von V&B, ich gern ins Bad jetzt morgens geh."

Und immer wieder ist man auf Reisen erstaunt, wo und in welchen Ländern man dem Namen V&B an belebten oder stillen Orten begegnet.

„Wem haben Produkte dieses Unternehmens nicht schon spürbar Erleichterung verschafft?"

Aktien à la carte

Wertpapierkennnummer: 765723

Die Aktie kann bei jeder Bank geordert werden.

Preisspanne ca. 10,00 €

Hauptversammlung:
Freitag 08.06.2001 in Merzig in der Stadthalle
Beginn der Veranstaltung um 15.00 Uhr,
Einlass ab 14.00 Uhr
Parken: kostenlos vor der Stadthalle Merzig
Garderobe: kostenlos

Zur Begrüßung wurde gereicht:
alkoholfreie Getränke - auch während der
Hauptversammlung

Kalt - warmes Büfett:
Wiener Würstchen
Frikadellen mit Senf
Brötchen und Laugenweck
Blätterteigtaschen und Brezeln
Rohgemüse und kleine Tomaten mit Joghurtdip
Obst wie z.B. Melone und Erdbeeren
Eis und Kuchen

Getränkeauswahl:
Bier, Rot- und Weißwein, Saft und Mineralwasser

Von allem gab's so viel wie man wollte, also ohne Bons!

Tischkultur wird nicht nur im Hause Villeroy & Boch groß geschrieben, sondern findet auch auf dem alljährlichen Aktionärstreffen in Merzig, nahe der Saarschleife seine Fortsetzung.

Aktien à la carte

Dort zeigt Wendelin von Boch, dessen Name gleichzeitig Programm ist, was er und seine Mitarbeiterinnen und Mitarbeiter im Unternehmen davon verstehen. Eine ansprechende Unternehmenspräsentation in den Räumen der Hauptversammlung mit Bädern, Fliesen, Geschirr und geschmackvoller Dekoration geben der Veranstaltung einen dekorativen und informativen Rahmen. Erlebt haben das schon die Aktionäre, die seinerzeit den Geschäftsbericht des 250-jährigen Unternehmens in der Hand hielten - eine lange Tradition. Dort gab es einen grossen Bildband mit der gesamten Geschichte des Hauses Villeroy & Boch/Galhau, geschenkt natürlich.

Und wenn ich noch so wütend bin auf irgendeiner Hauptversammlung in Deutschland, muss ich mal... und ich sehe in der Klobrille das Zeichen von V&B, bin ich gleich etwas versöhnter.

Auch der „Adel" muss sich stellen,
manch rauhem Aktionärsgesellen.
Doch, wie im Saarland es ist üblich,
wird's beim Essen doch gemütlich.
Ist man an's Büfett gezogen,
glätten sich die hohen Wogen.

Aktien à la carte

infor business solutions AG
Partner für den Mittelstand

Prof. Dr. Joachim Hertel, Vorstandssprecher

Die infor business solutions AG ist ein börsennotiertes Unternehmen, das zu den führenden europäischen Anbietern für betriebswirtschaftliche Komplettlösungen im Mittelstand gehört. Neben Software gehören auch Hardware und umfassende Dienstleistungen zum Angebot. Über 3500 Kunden weltweit arbeiten mit der Software von infor.

Zielgruppe ist die mittelständische Fertigungsindustrie mit 20 bis 1000 Mitarbeitern. Für dieses Marktsegment bietet infor eine betriebswirtschaftliche, internetfähige Komplettlösung an, die alle Geschäftsbereiche abdeckt und mit Funktionalitäten wie e-business, Supply Chain Management oder Customer Relationship Management auch über interne Unternehmensgrenzen hinausgeht. infor:COM ist modular aufgebaut, so dass die Software je nach Bedarf nur in einzelnen Bereichen eines Unternehmens eingesetzt werden kann, oder aber als betriebswirtschaftliche Komplettlösung, die alle Bereiche abdeckt. So kann sich der Kunde entweder für eine PPS-, eine ERP- oder aber für eine komplett internetintegrierte Lösung entscheiden. Neben der Standardsoftware hat infor verschiedene Branchenlösungen entwickelt, etwa für Automobilzulieferer, Anlagenbauer, Schmuckhersteller, die Kunststoffindustrie und die betonsteinfertigende Industrie. Ein Auszug aus der Kundenliste zeigt, dass die Software international auch bei renommierten Firmen eingesetzt wird, so bei Siemens, Niessing, Deutsche Post, DASA, Mannesmann, Falke, Denon, Sony, SZ Testsysteme, Technotrans, Allgaier und Aixtron.

Die infor business solutions AG wurde 1979 gegründet und beschäftigt 750 Mitarbeiter weltweit. In Deutschland wie im Ausland ist sie insgesamt 25 mal vertreten.

Wertpapierkennnummer: 622540

Die Aktie kann bei jeder Bank geordert werden.

Preisspanne ca: 3,50 €

(das kostet sonst alleine ein Frühstück)

Die Hauptversammlung:

Freitag, 08.06.2001 in Saarbrücken in der Kongresshalle
Beginn der Veranstaltung um 11.00 Uhr,
Einlass bereits um 10.00 Uhr
Parken: kostenpflichtig in der Nähe der Halle
Garderobe: kostenlos

Aktien à la carte

Zum Frühstück wurden gereicht:
*Kaffee, Tee, Mineralwasser
Coca-Cola, diverse Säfte
Kaffeeteilchen, Laugenbrezeln, Kuchen*

Zum Mittagessen:
*kalt-warmes Büfett:
Saarbrücker Schinkenpastete
Elsässische Entenlebermousse
Saargemünder Bauernpastete
Diverse Saucen
Sellerie-, Möhren-, Lauch- und Weißkrautsalat
Burgunder Schinken mit lauwarmem Kartoffelsalat
Gefüllte Klöße mit Specksauce und Sauerkraut
Gemüse-, Nudelauflauf als vegetarisches Hauptgericht*

Desserts:
*Apfeltarte mit Vanille-Eis, Obstsalat
Haselnuss-Sorbet*

Getränkeauswahl:
*Mineralwasser, Coca-Cola, diverse Säfte, Pils vom Fass
Riesling, Rotwein*

Auch hier: Essen und trinken, was das Herz begehrt!

Der Vorstandssprecher Hubert Becker übernahm die Leitung der heutigen infor AG 1985, damals noch eine GmbH und baute sie zum Marktführer bei ERP-Systemen für die mittelständische Industrie in Deutschland aus. 1999 führte er die infor an den Neuen Markt der Frankfurter Börse.
Auf der Hauptversammlung kann sich der Aktionär wirklich als Mitinhaber fühlen und wird bestens „infor"-miert durch einen

souveränen Vorstandssprecher, Prof. Dr. Joachim Hertel. Er hat schon in der Vergangenheit durch Gründung und Führung erfolgreicher Unternehmen bewiesen, das Professoren nicht nur Theoretiker, sondern auch hervorragende Praktiker sein können. Ein vielseitiger Vorstandssprecher, der neben seiner Tätigkeit bei der infor AG ein äußerst aktiver Berater nicht nur in der saarländischen Wirtschaft ist. In Forschung und Lehre und bei der Förderung junger Unternehmen und Unternehmer übt er viele wichtige Funktionen in verschiedenen Gremien aus, wie Vorlesungen an der Universität des Saarlandes im Bereich Softwaretechnik, Aufsichtsrat bei der SWG, Saarländische Wagnisfinanzierungsgesellschaft und Mitglied im Wissenschaftsforum Saar, um nur wenige Beispiele zu nennen.

Also, was liegt näher als auch selbst von solchen Fähigkeiten und so viel Engagement zu profitieren - als Aktionär über ein Investment in Aktien der Gesellschaft für etwa 3,50 Euro. Neben einem ständigem Aufwärtstrend im Geschäftsverlauf können die großen Aufträge vom Arbeitgeberpräsident Hundt in der jüngster Zeit für die Zukunft noch für viel Freude bei der infor AG und ihren Aktionären sorgen.

Dargestellt wird die Region,
hier allein beim Essen schon.
Kauft man von Infor sich die Aktien,
geht's nicht nur um Naturalien.
Lang hat man darauf gewartet,
dass man mit Gewinn durchstartet.
Endlich scheint erreicht das Ziel,
stolz ist man, dass die Entscheidung fiel:
bei diesem Mal, der Großauftrag geht nach Friedrichsthal.

Aktien à la carte

*Von etwas müssen die Kurssteigerungen
ja schließlich kommen.*

IDS SCHEER AG

Hellmut Kruppke, Vorstandssprecher

Das Unternehmen mit Sitz in Saarbrücken wurde 1984 von Prof. Dr. Dr. h.c. mult. August-Wilhelm Scheer gegründet. Was als kleine Beratungsfirma mit Mitarbeitern der Universität des Saarlandes begann, ist heute ein internationales Unternehmen, das mit Partnern in 50 Ländern vertreten ist und 2001 einen Umsatz von 161 Mio. Euro erwirtschaftet hat.

Die rund 1500 Mitarbeiter von IDS Scheer beraten Unternehmen aller Branchen, wie sie ihre Geschäftsprozesse effizienter, kostengünstiger und wettbewerbsfähiger gestalten können.

Die von IDS entwickelten Softwarelösungen ARIS Toolset und ARIS Process Performance Manager sind weltweite Marktführer. Die Software wird von namhaften internationalen Unternehmen wie British Telecom, Daimler Chrysler, Deutsche Bank, Nestlè oder Siemens zur Analyse ihrer Geschäftsabläufe eingesetzt. Insgesamt betreut man heute etwa 3000 Kunden mit eigenen Niederlassungen oder Partnern.

Dr. Ferri Abolhassan, Vorstandssprecher

Das Fraunhofer Institut bewertet ARIS als beste Software auf dem Markt und die Analysten der amerikanischen Gartner Group sehen IDS

Scheer als weltweit innovativstes Unternehmen für das Geschäftsprozessmanagement aus einer Hand. Als international einzigstes Unternehmen bietet IDS Scheer damit weltweit führende Beratung und Software für das Geschäftsprozessmanagement aus einer Hand.

Von der strategischen Beratung über Software-Implementierung bis zur kontinuierlichen Verbesserung von Geschäftsprozessen deckt IDS Scheer das gesamte Spektrum der IT-Beratung ab. Top Themen sind neben Geschäftsprozess-Engineering insbesondere Supply Chain Management, Customer Relationship Management und Produkt Lifecycle Management. Niederlassungen unterhält man nicht nur in Berlin, Düsseldorf, Frankfurt, Hamburg, München und Nürnberg, sondern auch international in 15 weiteren Ländern, wie zum Beispiel in Großbritannien, in Frankreich, in den Ländern Zentraleuropas, in den USA, in Brasilien, Japan und Singapur.

Seit 1999 ist die IDS Scheer börsennotiert am Neuen Markt und am Qualitätsindex NEMAX 50. Als einer der wenigen am Neuen Markt notierten Unternehmen erwirtschaftet die IDS seit über 18 Jahren immer positive Erträge, leider ist aber die Gesamtentwicklung der Börsenkurse auch an dem Kurs der IDS Scheer Aktie nicht spurlos vorbeigegangen, aber vieles ist ja oft nur eine Frage der Zeit.

Wertpapierkennnummer: 625700

Die Aktie kann bei jeder Bank geordert werden.
Preisspanne derzeit, also Gesamtpreis pro Person ca :

9,00 €

(so viel wie sonst die MwSt. der Naturaldividende)

Aktien à la carte

Hauptversammlung:
Freitag, 11.05.2001 in Saarbrücken, Saarlandhalle
Beginn der Veranstaltung war um 11.00 Uhr,
Einlass ab 10.00 Uhr
Kommen Sie früh und genießen schon vorher ein Frühstück, um so gestärkt den interessanten Reden zu lauschen.
Parken: kostenlos vor der Saarlandhalle
Garderobe: kostenlos

zusätzliche Naturaldividende:
für jeden erschienen Aktionär (Paare erhielten also gleich das Doppelte) das neu erschienene Buch von Prof. Scheer: „Unternehmen gründen ist nicht schwer", Preis normalerweise 39,90 DM (Studenten aufgepasst: und der Mann schreibt laufend Bücher!!)

Zum Frühstück wurden ab 10.00 Uhr gereicht:
Kaffee und süße Teilchen

Zum Mittagessen:
Ein 7 Länder - Büfett an verschiedenen Marktständen erfreute die Aktionäre, die reichlich erschienen waren, am Ende einer interessanten Hauptversammlung in der man sogar noch sehr gute Zahlen vorweisen konnte.

Frankreich
Boeuf Bourguignon
Nizza-Salat, Artischockensalat

Aktien à la carte

Japan
Fleischspieß, Sate Babi
Putensalat „Hong Kong", bunter Curryreissalat

Spanien
Paella
Alicante-Salat (Tomaten, Gurken, Paprika, Oliven, Feta)

USA
Poulardenbrust „Maryland"
Texanischer Spieß, Backofenkartoffeln
Farmersalat, Salat „Dixie"

Latein-Amerika
Chili con carne
Salat „El Paso", Guyanasalat

Deutschland
Spießbraten mit Kartoffelklößen
Rotkrautsalat, Gurkensalat

Norwegen / Schweden
Nordsee-Fisch-Platte mit
Matjes, Salm, Schillerlocken und Makrelen
bei allen Ländern wird mit passendem Salat-Büfett
ergänzt

Getränkeauswahl:
Wein, Bier vom Fass, alkoholfreie Getränke
Von allem gab's so viel wie man wollte!

Wenn das kein Börsengewinn ist - für eine Aktie inkl. Frühstück, Speisen Bewirtung, Bar- und Naturaldividende.

Aktien à la carte

Und weil Aktionäre mit Spielern so einiges gemeinsam haben: direkt im Anschluss mit dem ersparten und verdienten Geld zur Spielbank Saarland im gleichen Hause!

Die IDS-Scheer AG, ein Unternehmen „summa cum laude". Der leidenschaftlich Saxophon spielende, gleichzeitig die Landesregierung beratende Unternehmensgründer hat seine besten Studenten und Mitarbeiter gleich von der Uni mitgenommen, einmal ins Unternehmen, zum anderen in die Staatskanzlei. Um auch für den Jazz die besten Leute ausbilden zu lassen, finanziert er noch eine Professur.

Ein Unternehmen, das auch in schwierigen Zeiten wirtschaftlichen Erfolg verzeichnet, wenn auch die Aktienkurse der allgemeinen Talfahrt gefolgt sind. Hier werden Unternehmen nicht blind gekauft, Kapital, das durch den Börsengang in das Unternehmen geflossen ist, wird heute noch zur Integrierung anderer Unternehmen verwendet. Ein Unternehmer, der Bücher schreibt, diese auf der Hauptversammlung kostenlos als Naturaldividende verteilen lässt, auf Wunsch auch handsigniert und anschließend mit dem größten Vergnügen seine Mitaktionäre mit einem Menüangebot verwöhnt, das die halbe Welt geschmacklich abdeckt.

Aus vielen Ländern dieser Welt,
das alles für so „kleines Geld",
wird hier der Aktionär verwöhnt,
mit dem gesunkenen Kurs versöhnt.

Aktien à la carte

Mit und ohne Aktien möglich:
Jazz-Club by IDS Scheer

Wenn man auch mal einen „Ohrenschmauss" geniessen möchte und einen erfolgreichen Unternehmensgründer live dazu, kann man dieses Vergnügen haben bei IDS Scheer am Firmensitz, in Sbr.- Burbach, Altenkesseler Straße 17.

*von links:
Peter Decker,
Prof. Dr. Dr. h.c. mult.
August-Wilhem Scheer*

Aktien à la carte

Hier bietet Prof. Dr. Dr. h.c. mult. August-Wilhelm Scheer als begeisterter Saxophonist Jazz live im Jazz-Club by IDS Scheer, mit wechselnden, hervorragenden und bekannten Musikern wie dem
Peter Decker-Quartett,
BIG Man´s - Quartett und dem
Richard Ebersbach-Quartett,
etwa zwei Mal im Monat,
normalerweise Freitag von 18.00 Uhr bis 20.00 Uhr,

und das bei freiem Eintritt, kostenlosen Getränken und etwas zum Knabbern.
Und im Sommer, bei schönem Wetter, sogar unter freiem Himmel. Dazu muss man noch nicht einmal Aktionär sein.

Da wurde auch schon mal die Frage gestellt, ob er das Unternehmen vielleicht gegründet hat, um einen schönen Rahmen für seine Jazz - Konzerte zu schaffen. Also einen Jazzclub mit angeschlossener börsennotierter Softwareschmiede?
Hätte das seinerzeit schon Glenn Miller gewusst, wäre er vielleicht auch an die Börse gegangen.

Keine Zeit hinzugehen? Dann klicken Sie doch mal im Internet unter www.ids-scheer.com, dort können Sie die live-Übertragung sehen und spätere Termine einfach selbst abrufen.
Einfach köstlich!

Aktien à la carte

Aktien à la carte

Praktiker AG

Die Praktiker Bau- und Heimwerkermärkte AG, mit Sitz in Kirkel, ist der Baumarktbetreiber im Metro-Konzern. Unter einem Dach vereinen sich alle relevanten Fachbereiche mit Knowhow und Waren: Bauen, Garten, Werkstatt und Wohnen, von der Schraube bis zum Rasenmäher. Das Kind der früheren Saarbrücker ASKO Deutsche Kaufhaus AG, an die sich viele Saarländer sicher noch erinnern, wurde 1979 mit Eröffnung von vier Praktiker Do-it-yourself-Märkten ins Leben gerufen. In den Folgejahren kam es zu einer kontinuierlichen Expansion des erfolgreichen Geschäftsmodells, ab 1991 expandierte man erfolgreich in die neuen Bundesländer, wo der Bedarf an Baumaterialien jeder Art bekanntlich sehr groß war, und ab diesem Jahr auch erfolgreich ins Ausland: in Österreich, Polen, der Türkei, Ungarn, Griechenland und Luxemburg existieren rund 50 Praktiker-Baumärkte. 1995 ging man an die Börse und mit der Verschmelzung der ASKO-AG auf die Metro AG wurde Praktiker 1996 Teil des Metro-Konzerns.
Heute betreibt Praktiker über 350 Filialen und ist eines der führenden Unternehmen der Baumarktbranche. Dazu kommen noch 30 Top-Baumärkte und 37 im Franchise-System geführte Extra-Bau- und Hobbymärkte, die ebenfalls im Praktiker Konzern eingebunden sind.
Im Konzern sind rund 16.000 Theoretiker und Praktiker vollzeitig beschäftigt, der Umsatz im Geschäftsjahr 2000 betrug ca. 2,6 Mrd. Euro.
Auch im Internet unter www.praktiker.de, dem „click" für die Praxis, kann man 24 Stunden am Tag im Praktiker-Online-Baumarkt recherchieren. Hier bieten sich dem Kunden vielseitige

Aktien à la carte

Angebote und Hilfen für alles, was ein erfolgreicher Heimwerker neben seinem Werkzeug noch so braucht, zum Beispiel Liegestuhl und Sonnenschirm, vollautomatischer Rasensprenger, Grill, Feuerlöscher, Notfallkoffer und die richtige Telefonnummer, wenn er nicht mehr weiter weiß. Aber im Ernst, leichter wird es schon mit dem bekannten Motto: „geht nicht gibt's nicht", nur arbeiten muss man noch selbst. Und die Aktien kann man noch nicht im Baumarkt abrufen, weder virtuell noch praktisch, dazu braucht man noch eine Bank.

Wertpapierkennnummer: 694310

Die Aktie kann bei jeder Bank geordert werden.

Preisspanne derzeit ca. 16,50 €

Wolfgang Werner, Vorstandssprecher

Aktien à la carte

Hauptversammlung:

Dienstag, 26.06.2001, in Saarbrücken
in der Saarlandhalle
Beginn der Veranstaltung war um 10.30 Uhr,
Einlass ab 9.30 Uhr

Parken: kostenlos vor der Saarlandhalle
Garderobe: kostenlos

Zum Frühstück wurden gereicht:
belegte Schnittchen mit Käse, Schinken und Wurst
Croissants, Schnecken
Kaffee, Tee, alkoholfreie Getränke

Mittagsmenü:
Linsensuppe „Großmutter Art"
Gebratener Lyoner mit warmem Kartoffelsalat
Gefüllte Klöße mit Specksoße und Sauerkraut

Dessertauswahl:
Obstsalat, Vanilleeis, Rote Grütze und Himbeermousse

Getränke:
Pils vom Fass,
alkoholfreie Getränke,
Kaffee und Tee.

Von allem gab's so viel wie man wollte, also ohne Bons!

Aktien à la carte

Aktien à la carte

MTD Products AG

Die MTD Products AG mit Sitz in Saarbrücken/Bübingen ist die Europazentrale der MTD Inc. in Cleveland/Ohio (USA). Sie wurde nach der Übernahme des deutschen Traditionsherstellers Gutbrod, die uns allen noch ein Begriff ist, durch MTD im Jahre 1996 gegründet. MTD verfügt weltweit über 20 Produktions- und Vertriebsstandorte und beschäftigt 8000 Mitarbeiter. Der Konzern gehört nach Marktanteilen zu den weltweit Top Fünf der Hersteller motorgetriebener Gartengeräte.

In Europa verfügt MTD über eigene Vertriebsniederlassungen für Deutschland, Frankreich, Österreich, Dänemark, Ungarn, Schweden und die Schweiz. In Großbritannien und Belgien ist MTD durch Gemeinschaftsunternehmen mit lokalen Importeuren vertreten. Alle übrigen Märkte werden über Vertriebspartner und Importeure erschlossen.

Das Portfolio von MTD umfasst die Profi-Marken Cub-Cadet und die Premium-Marken Gutbrod und MTD Yard-Man, die ausschließlich über den Fachhandel vertrieben werden. Die Marke MTD finden preisbewusste Gartenfreunde bei Baumärkten und anderen Großvermarktern. Daneben produziert MTD auch mehrere Private-Label-Linien.

Mit neuen Unternehmensgründungen übernimmt man zukünftig in allen europäischen Kernländern selbst die unternehmerische Verantwortung für den Vertrieb der Produkte. Vom Profi-Nutzer bis zum Hobbygärtner wird eine vollständige Produktpalette aus allen vier Konzernbereichen mit optimalem Service angeboten.

Die Europäischen Produktionsstandorte befinden sich in Bübingen und Nemesvamos (Ungarn).

Und da steckt Zukunft drin, denn Sie wissen ja, Unkraut vergeht nicht, wächst, gedeiht und kommt immer wieder, so auch der Rasen, hoffentlich auch die Gesellschaft! Und einen Rasenmäher kann man deshalb schließlich immer gebrauchen! Nach schwierigen „Konsolidierungsphasen" nach der Übernahme durch die amerikanische Mutter, die ein neues „Erziehungsmodell" eingeführt hat, sind Teile der Produktion aus Kostengründen nach Osteuropa verlagert worden.

Wertpapierkennnummer: 557000

Diese Aktie gibt's in der Regel nicht über die Bank.
Die Aktie kann über die
AHAG Wertpapierhandelsbank AG
44 333 Dortmund
Tel. 0231 9873160
www.ahag.de
direkt gekauft werden.
Bei einem Kauf über diese Gesellschaft kann man oft zwischen einer Eigenverwahrung der Aktien zu Hause oder der direkten Einlieferung in ein Bankdepot wählen. Ich rate zu Letzterem, da braucht man sich um nichts zu kümmern und muss nicht etwa selbst einen Hauptversammlungstermin erfragen, die Aktien dann doch bei einer Bank hinterlegen und mit einer Hinterlegungsbescheinigung selbst die Eintrittskarten bei der Gesellschaft verlangen, wenn man an einer Hauptversammlung teilnehmen will.

Preisspanne derzeit ca. **40,00 €**

Aktien à la carte

Hauptversammlung

*Dienstag, 10.04.2001 in Saarbrücken,
im Victor's Residenz Hotel Rodenhof
Beginn der Veranstaltung war um 15.30 Uhr,
Einlass: unmittelbar vorher
Parken: in der Straße vor dem Hotel und auch in der
Tiefgarage des Hotels kostenlos
Garderobe: kostenlos
Ein Büfett à la Hotel Victor's,
natürlich nur vom Feinsten.*

Zur Begrüßung:
*Getränkeauswahl mit Kaffee, Tee
und alkoholfreien Getränken*

Nach Beendigung der Hauptversammlung:
*Kalt - warmes Büfett
nach Hotelstandard mit
verschiedenen Vorspeisen, Hauptgerichten
und Desserts*

Getränke:
*alkoholfreie Getränke
Bier und Wein*

von allem so viel das Herz begehrte, ohne Bons.

Aktien à la carte

Ja, wo kommt das Bier jetzt her?
Bleiben unsere Gläser leer?
Sitzen wir im Felsenkeller,
nach wie vor vorm vollen Teller?
Die Frage bleibt, was trinken wir,
welche Sorte, welches Bier.
Sind die Zahlen mal ein Graus,
bleibt jede Dividende aus,
es bleibt am Schluss - ein guter Schmauss.

Aktien à la carte

Neufang Brauerei AG

Peter Neufang

Ein traditionsreiches Unternehmen, das sich über 200 Jahre in mehreren Generationen mit der saarländischen Braukunst beschäftigt hat und mehr und mehr zu einem Immobilienbesitzer und -verwalter wurde.
Nach der Einstellung des Braubetriebes könnte hier an exponierter Stelle in der Landeshauptstadt mit Gleisanschluss in der Nähe unter einem traditionsreichen Namen die größte Erlebnisbrauerei des Landes entstehen, die ihren Namen wirklich verdient. Mit äußerst interessanten Gegebenheiten vor Ort, einem historischen Felsenkeller, der seinesgleichen sucht, daneben der „PFLAUMENBAUM" und die „KULTURFABRIK", und ein Betriebsgelände, das sich über mehrere Ebenen erstreckt. Welch ein Rahmen für zukünftige Hauptversammlungen, auf die könnte man sich schon heute freuen. Eine Aktie, befreit von den Wirren des Bier- und Braumarktes, bestückt mit interessanten Immobilien, die solvente Mieter wie den medizinischen Dienst im Saarland beherbergen, wo abends die Jugend ein- und ausgeht, findet man nicht überall.
.... da ist noch Potential drin, man muss nur wollen!

Aktien à la carte

Wertpapierkennnummer: 676180

Diese Aktie gibt's in der Regel nicht über die Bank.
Die Aktie kann entweder über die
VEH Valora Effekten Handel AG,
Postfach 912, 76263 Ettlingen
Tel. 07243 - 90002, www.valora.de oder
über Die AHAG Wertpapierhandelsbank AG
44 333 Dortmund, Tel. 0231 - 9873160
www.ahag.de direkt gekauft werden.
Bei einem Kauf über die beiden letzten Gesellschaften kann man oft wieder zwischen einer Eigenverwahrung der Aktien zu Hause oder der direkten Einlieferung in ein Bankdepot wählen. Ich rate zu Letzterem, da braucht man sich, wie schon beschrieben, um nichts zu kümmern, keinen Hauptversammlungstermin erfragen und so weiter.

Preisspanne derzeit ca. 220,- €

Hauptversammlung

*Dienstag, 22.05.2001 am Firmensitz in Saarbrücken,
in der Dudweiler Straße.
Beginn der Veranstaltung war um 16.00 Uhr,
Einlass kurz vorher.
Parken: auf dem firmeneigenen Parkplatz oder in der Nähe kostenlos, am besten fährt man nicht selbst!
Garderobe: kostenlos*

*Vor Beginn der Veranstaltung blieben Gläser
und Teller zwar leer, dafür gab es im Anschluss an die*

Aktien à la carte

Hauptversammlung im brauereieigenen historischen Gewölbe des Felsenkellers eine hervorragende Bewirtung.

In angenehmer Atmosphäre wurden die Aktionäre verwöhnt mit einem köstlichen kalt-warmen Büfett:

Saarbrücker Schinkenpastete
Gemüse-Sülze in Essig-Sauce
Tomaten mit Mozzarella
Blattsalate in Balsamico, Möhrensalat, Kartoffelsalat
Lyoner-Kuchen
Wiener Tafelspitz in Meerrettich-Sahne-Sauce
Bouillonkartoffeln
Gebratener Spanferkelrücken in Grafenpils-Sauce
Maiorankartoffeln

Brie, Münster, Gorgonzola

Desserts:

Merziger Apfeltorte mit Vanille-Eis
Frische Erdbeeren mit Vanille-Eis

und natürlich Getränke:

Neufang Saarbrücker Grafenpils frisch vom Fass und anderen Getränken der eigenen Produktpalette so viel man vertragen konnte!!

Kaffee

Aktien à la carte

*Prof. Wolf-Jürgen Schieffer
Vorsitzender des Aufsichtsrats
der Orbis-AG*

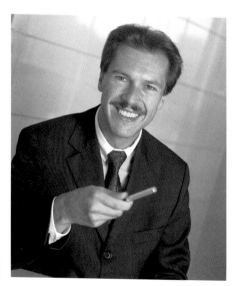

*Klaus Kieren
Vorstandssprecher der Orbis-AG*

Aktien à la carte

Orbis AG

Die ORBIS AG mit Sitz in Saarbrücken auf den Saarterrassen ist ein international tätiges Business-Consulting-Unternehmen mit Ausrichtung auf mySAP.com. Das Consultingspektrum reicht von der Managementberatung über die Prozessberatung und Systemintegration bis hin zu der Gestaltung anwenderfreundlicher Oberflächen im Rahmen von Multimediaberatung. Die Kernkompetenz liegt in der Beratung unternehmensinterner Prozesse (ERP/PLM) in Verbindung mit kunden- und lieferantenbezogenen Unternehmensprozessen (CRM/SCM) zu einer übergreifenden eBusiness-Gesamtlösung, aufbauend auf der eBusiness-Software mySAP.com der SAP AG.

ORBIS verfügt über eine 16-jährige SAP-Beratungskompetenz von den klassischen ERP-Modulen bis zur innovativen eBusiness-Lösung mySAP.com. Das Know-how aus 12 Jahren eigener CRM-Entwicklung bringt ORBIS nunmehr in das gemeinsam mit SAP gegründete CRM Competence Center in Saarbrücken ein. Besondere Branchenkompetenz besteht für die Industrie, dort speziell im Automotive- und Konsumgütersektor. Die ORBIS-Kunden gehören zum gehobenen Mittelstand oder sind Konzernunternehmen. Im Unternehmen werden über 300 Mitarbeiter beschäftigt, Niederlassungen hat man in 3 europäischen Ländern und eine in Amerika.

Wertpapierkennnummer: 522877

Die Aktie kann bei jeder Bank geordert werden.

Preisspanne derzeit ca. 3,50 €

(Das kostet sonst alleine das Parken!)

Aktien à la carte

Hauptversammlung

Freitag, 01.06.2001, in Saarbrücken in der Saarlandhalle
Beginn der Veranstaltung war um 11.00 Uhr
Einlass bereits ab 9.30 Uhr
Parken: kostenlos vor der Saarlandhalle
Garderobe: kostenlos

Zum Frühstück wurden ab 9.30 Uhr gereicht:

Kaffeeteilchen
Kaffee, Tee und alkoholfreie Getränke

Mittags- Büfett:

Rahmgeschnetzeltes von der Pute, Gemüsereis
Quiche Lorraine (davon 1/3 ohne Speck)
Rigatoni mit Tomatensauce
Salatbufett mit verschiedenen Blattsalaten
Karottensalat, Lauch - und Krautsalat

Dessert:

Schokoladenmousse
Schneeier mit Vanillesauce, Obstsalat
Rote Grütze und Himbeermousse mit Vanilleeis

Getränkeauswahl:

Pils vom Fass,
Pinot Grigio, Bellia - Refosco dal peduncolo rosso, Bellia
alkoholfreie Getränke, Kaffee, Tee
von allem konnte so viel gegessen und getrunken werden
wie man wollte - keine Bons

Genießt man hier wie ein Gourmet,
die feinen Sachen vom Büfett,
interessiert nicht der Gewinn,
nach anderen Werten strebt der Sinn.

Aktien à la carte

Horten AG

Die Horten AG, eine Tochter der Metro, ist eine Immobiliengesellschaft, die ihren eigenen Grundbesitz verwaltet. Dabei konzentriert sich die Gesellschaft auf das Portfoliomanagement, die Entwicklung neuer Einzelhandelsimmobilien und das den Unternehmenswert steigernde Handeln mit Immobilien.

Nicht zuletzt durch Erwin Conradi, dem früheren Metro - Boss, gibt es im Saarland allein von vier Töchtern der Metro Hauptversammlungen. Nachdem ein einzelner Saarländer (wer das wohl war?) diesen Wunsch immer wieder jedes Jahr auf der Hauptversammlung der Metro AG in Köln wiederholte, wurde er trotz Protesten vieler im Saal versammelter Rheinländer in den Kölner Messehallen, zur Freude vieler Saarländer, erhört.

Wertpapierkennnummer: 608370

Die Aktie kann bei jeder Bank geordert werden.

Preisspanne derzeit ca. 10,00 €

Hauptversammlung
Dienstag, 07.08.2001,
in Saarbrücken in der Saarlandhalle
Beginn der Veranstaltung: um 10.30 Uhr,
Einlass gegen 10.00 Uhr
Parken: kostenlos vor der Saarlandhalle
Garderobe: kostenlos

Aktien à la carte

Zum Frühstück wurden gereicht:
belegte Schnittchen mit Käse, Schinken und Wurst
Croissants, Schnecken, Quark-und Obstteilchen
Kaffee, Tee, alkoholfreie Getränke

Zum Mittagessen kalt / warmes Büfett:
Minestrone, Geflügelsalat, Lyonerkuchen
Bauernschinken
Krautsalat, Karottensalat, Gemüsesalat
Blattsalate mit Balsamico, Kartoffelsalat
Mini-Frikadellen in Tomaten-Peperoni-Sauce
Putengeschnetzeltes in grüner Pfeffersauce
Butternudeln
Kartoffelgratin, Brotauswahl

Dessertauswahl:
mit verschiedenen Cremes, Obstsalat
Rote Grütze, Vanilleeis

Getränke:

Pils vom Fass, Pinot Grigio, Refosco
alkoholfreie Getränke, Kaffee und Tee

Von allem gab's so viel wie man wollte, also ohne Bons!

Wer sich zu sehr am Büfett labt,
nächtens über Bauchweh klagt.
Drum sei gescheit und teil's Dir ein,
es soll ja nicht das Letzte sein.

Aktien à la carte

massa AG

Die wesentliche Geschäftstätigkeit der massa AG besteht heute in der An- und Vermietung von Einzelhandelsflächen.

Wertpapierkennnummer: 657960

Die Aktie kann bei jeder Bank geordert werden.

Preisspanne derzeit ca. 72,- €

Hauptversammlung

*Mittwoch, 27.06.2001,
in Saarbrücken in der Saarlandhalle
Beginn der Veranstaltung : um 10.30 Uhr,
Einlass etwa eine Stunde vorher.
Parken: kostenlos vor der Saarlandhalle
Garderobe: kostenlos*

Zum Frühstück wurden bei Selbstbedienung gereicht:

*belegte Schnittchen mit Käse,
Schinken und Wurst
Croissants, Schnecken
Kaffee, Tee und alkoholfreie Getränke*

Zum Mittagessen:

*Italienisches Büfett
Tomaten mit Thunfisch gefüllt
Pizza und Lauch - Quiche
Selleriesalat, Karottensalat, Krautsalat*

Aktien à la carte

Bohnensalat, Champignonsalat
Blattsalate mit versch. Saucen
Minestrone
Cannelloni mit Spinat und Ricotta gefüllt
Geschnetzeltes in Pinot Grigio-Sauce
Hähnchenbrust in Chianti
Butternudeln mit Parmesan

Dessertauswahl mit:
Tiramisu,
Obstsalat,
Vanilleeis, Mousse

Getränkeauswahl mit:
Pils vom Fass,
Pinot Grigio, Refosco,
alkoholfreien Getränken,
Kaffee und Tee

Von allem gab's so viel wie man wollte, auch hier ohne Bons!

Früher machte es die Masse, heute will man nur noch die Klasse. Reine Immobilien, fast wie in einem Immobilienfond, nur noch schöner, denn die machen bekanntlich überhaupt keine Hauptversammlung.

Auch hier fühlt man sich sehr verwöhnt,
manch Regentag wird so verschönt.
Erinnerungen an Italien
beim Genuss der Naturalien.

Aktien à la carte

Kaufhalle AG

Die Kaufhalle wurde schon 1925 gegründet, seitdem hat sie einige Wandlungen im Laufe ihrer Geschichte erfahren. Der heutige Geschäftsgegenstand der Gesellschaft ist der Erwerb und die Veräußerung, Projektierung und Entwicklung, Verwaltung sowie An- und Vermietung von Immobilien;
ebenfalls die Verwaltung von Vermögen, sowie Erwerb, Verwaltung und Veräußerung von Beteiligungen an Unternehmen, die Beratung und Betreuung von Warenhaus- und sonstigen Einzelhandelsunternehmen.

Wertpapierkennnummer: 628130

Die Aktie kann bei jeder Bank geordert werden.

Preisspanne derzeit ca. 92,- €

Hauptversammlung

Donnerstag, 28.06.2001, in Saarbrücken, Saarlandhalle
Beginn der Veranstaltung war um 10.30 Uhr
Einlass etwa 9.30 Uhr
Parken: kostenlos vor der Saarlandhalle
Garderobe: kostenlos

Zum Frühstück wurden gereicht:

belegte Schnittchen mit Käse,
Schinken und Wurst
Croissants, Schnecken
Kaffee, Tee, alkoholfreie Getränke

Aktien à la carte

Mittagessen:
Rustikales Büfett mit
Bibbelsches Bohnesupp
Dibbelabbes
Lyonerkuchen
Schinkenpastete
Bauerngeräuchertes
Schwartemagen
Hausmacher Leberwurst mit Zwiebelringen
Schinken im Brotteig
warmer Fleischkäse
Schälrippchen
Kartoffelklöße mit Specksoße und Sauerkraut
Spießbraten mit warmem Speckkartoffelsalat
Rohkostsalat
rustikaler Brotauswahl

Dessertauswahl mit:
Obstsalat, Vanilleeis
Rote Grütze und Himbeermousse

Getränke:
Pils vom Fass
alkoholfreie Getränke
Kaffee und Tee

Von allem gab's so viel wie man wollte, also ohne Bons!

Mein Gott wie gut hann' mir gegess
und haben fast die Zeit vergess.

Aktien à la carte

Deutsche Bank Saar AG

Die Deutsche Bank Saar AG hat eine lange Tradition im Saarland und einen wohl klingenden Namen.
Sie beschäftigt insgesamt etwa 300 Mitarbeiter. Die heutige Aktionärsstruktur zeigt nur noch einen kleinen Anteil der Aktien im Streubesitz, er soll sich weit unter 5% bewegen. Hauptaktionär ist die Deutsche Bank. Da es so gut wie keine Möglichkeit gibt, diese Aktie überhaupt zu erwerben und zudem bekannt geworden ist, dass noch in diesem Jahr ein „Squeeze-out" geplant ist, das heißt, auch die letzten Kleinaktionäre müssen gehen, wird auf diese Gesellschaft nicht näher eingegangen.
Schade, bei so einem Namen wie Deutsche Bank Saar AG, eine AG, die schon in ihrem Namen an die traditionelle Saar erinnert. Schade, wenn dieser ganz verschwindet und sie auch im Saarland nur noch Deutsche Bank heißt.
Wenn es Sie trotzdem noch interessiert:

Wertpapierkennnummer: 810 780

Diese Aktie gibt's in der Regel nicht über die Bank. Sie wurde schon lange nicht mehr gehandelt - also kein Angebot!

Preisspanne ca. 450 - 500 €

Letzter gehandelter und bekannter Kurs: 472 Euro

... gibt es diesmal eine Henkersmahlzeit?

Willst du diese Aktie kaufen,
kannst du dir die Füss´wund laufen.
Als Kunde bist du gern geseh´n
als Kleinaktionär musst du bald gehn.

Aktien à la carte

Hauptversammlungen im Saarland
und wo sie in der Regel stattfinden

MTD AG,
Saarbrücken, Hotel Victor's, nachmittags
IDS-Scheer AG
Saarbrücken, Saarlandhalle, vormittags
Neufang Brauerei AG
Saarbrücken, am Firmensitz, nachmittags
Orbis AG
Saarbrücken, vormittags
Infor Business-solutions AG
Saarbrücken, vormittags
V&B AG,
Merzig, Stadthalle, nachmittags
Horten AG,
Saarbrücken, vormittags
Praktiker AG
Saarbrücken, vormittags
massa AG,
Saarbrücken, vormittags
Kaufhalle AG
Saarbrücken, vormittags
Deutsche Bank Saar AG
Saarbrücken, vormittags

***

Und der Geheimtipp in der Pfalz
Wasgau AG
Pirmasens, Wasgauhalle, nachmittags

Die Einladung zur Hauptversammlung erfolgt in der Regel einmal jährlich, etwa im gleichen Zeitraum wie im vorausgegangenen Jahr. Genaue Termine und Uhrzeiten können Sie auf meiner Homepage entnehmen oder direkt bei den Gesellschaften erfragen.

www.aktien-a-la-carte.de

Aktien à la carte

Mit drei Hauptversammlungen am Nachmittag hat das Saarland nicht nur für Berufstätige Interessantes zu bieten, sondern auch für Pfälzer – ein Fall für das Rheinland-Pfalz-Saarland-Ticket.
Und wenn wir schon mal bei den Pfälzern sind, hier der

Geheimtipp in Grenznähe: Wasgau AG

Ungeahntes und Unvermutetes ganz in unserer Nähe, in der Pfalz. Hier trifft man sich, Pfälzer und Saarländer friedlich nebeneinander, auf der Hauptversammlung der **Wasgau AG** (vormals MARKANT - Südwest Handels AG) in Pirmasens in der Wasgauhalle, so auch am 25. Juli 2001.
Der Name signalisiert Handel mit Wandel und im Wandel.
Schon 1925 als genossenschaftlicher Zusammenschluss von 19 Kaufleuten gegründet, zählt man heute mit über 5000 Mitarbeitern zu den ersten 30 der Branche, mit einem modernen Handels-, Produktions- und Dienstleistungsunternehmen. Reich an Jahren und trotzdem jung und dynamisch. Schon vor Jahren wurde die damalige Markant-Südwest Handels AG vom Bundesverband der Deutschen Industrie zu den 50 innovativsten Unternehmen Deutschlands gezählt. Nach der Umwandlung 1989 in eine Aktiengesellschaft ging man 1994 an die Börse, den der Vorstand als „wichtigsten Meilenstein für die Zukunftssicherung des Unternehmens" wertete. Franz Mayer, auch heute Vorstandsvorsitzender der Wasgau AG, hat in all den Jahren Weitblick bewiesen mit zukunftsträchtigen Investitionen in einemschwierigen Marktumfeld mit hohem

Konzentrationsdruck und ruinösen Preiskämpfen bei Handelsunternehmen. Mit Edeka hat die Wasgau AG einen umfangreichen Kooperations- und Belieferungsvertrag geschlossen, der diesen Entwicklungen Rechnung trägt.

Hauptversammlung:

Bereits vor Beginn der Hauptversammlung wurde, wie immer, zum reichlichen Mahl geladen, mit Kostproben aus dem eigenen Unternehmen und auch aus eigener Herstellung.

So konnte man das Mittagessen zu Haus sparen und sich bereits gegen 13.00 Uhr in der Wasgauhalle in Pirmasens beköstigen lassen.

Obwohl vor der Halle kostenloses Parken möglich ist, sollte man vielleicht doch besser das Rheinland-Pfalz-Saarland-Ticket der Bahn nutzen, da die Hauptversammlung nicht nur üppig, sondern auch sehr „flüssig" ist und Pirmasens eine Bahnstation hat.

Beginn der eigentlichen Veranstaltung war um 15.00 Uhr, Garderobe: kostenlos

Zur Begrüßung wurde gereicht:

Verschiedene Kaltgetränke, Kaffee, Tee und zum Essen sehr reichliche Kostproben aus dem eigenen Unternehmen und aus eigener Herstellung. Ohne Bons, von allem so viel man wollte.

Danach versammeln sich normalerweise alle Aktionäre geschlossen im Sitzungssaal. In einer ganz besonderen Atmosphäre kann man dort den Ausführungen des Vorstandsvorsitzenden Franz Mayer folgen.

Aktien à la carte

*Nach Beendigung der Reden geht es dann per Selbstbedienung zu einem exzellenten kalt/warmen Büfett in Volksfestatmosphäre,
mit Parkbräu vom Fass, verschiedenen alkoholfreien Getränken und diversen Säften,
was das Herz begehrt.*

Als zusätzliche Naturaldividende konnten sich die Aktionäre reichlich Obst und sonstige Produkte mitnehmen. Es gab sogar Aktionäre, die erbeuteten einen Sack „Pälzer Grumbeere", ich glaube, das waren Saarländer. Die hatten sicher noch die alten Zeiten in Erinnerung, als man zum Hamstern in die Pfalz fuhr oder ging.

Die Hauptversammlung endete in den letzten Jahren zwischen 19.00 und 20.00 Uhr, so dass es noch Züge in die Heimat gab!

Wertpapierkennnummer: 701600

Die Aktie kann bei jeder Bank geordert werden.

Preis: 5,- €

Wer ist Franz Mayer? Dieser Mann ist markant, markant ist Franz Mayer. Seit Jahren behauptet er sich erfolgreich als Vorsitzender des Vorstandes gegen die Großen am Markt, zeigt ihnen die Stirn und führt das Unternehmen zur Zufriedenheit seiner Aktionäre. Mit Produkten der eigenen Metzgerei und Bäckerei werden die Aktionäre unter anderem schon vor dem eigentlichen Beginn der Hauptversammlung verwöhnt. Hungrig muss ihm niemand zuhören.

Aktien à la carte

*Ist auch die Rede markant und lang,
und manchem ist davor schon bang,
anschließend gibt's ein schönes Fest
das uns dies schnell vergessen lässt.
Auch an morgen wird gedacht,
wenn mancher sich die Tasch' voll macht.*

„Saar-Aktionär" inkl. „Pälzer Geheimtipp":

WKN:		
557000	MTD AG	40,00 €
622540	INFOR AG	3,50 €
522877	Orbis AG	3,50 €
625700	IDS-Scheer AG	9,00 €
676180	Neufang AG	220,00 €
765723	V&B AG	10,00 €
608370	Horten AG	10,00 €
694310	Praktiker AG	16,50 €
657960	Massa AG	72,00 €
628130	Kaufhalle AG	92,00 €
810780	Deutsche Bank Saar AG	nicht bewertet
701600	Wasgau AG	5,00 €
	alles in allem	481,50 €

also rund: **500 Euro!**

und nicht vergessen:
Aktienkurse können steigen oder fallen!!

WKN = Wertpapierkennnummer

Aktien à la carte

Happy Börsday to you...

Und noch etwas Erfreuliches: Wer unter dem richtigen Sternzeichen geboren ist, darf sich glücklich schätzen, wenn sein Wiegenfest auf den Termin einer Hauptversammlung fällt.

„Glückspilze",

nutzt diesen Tag doch, um Euch in einer netten gleichgesinnten „Blase" hervorragend bewirten zu lassen, wie das sonst nur ein guter Partyservice bietet, ohne Vorbereitungs- und Bewirtungsstress. Und nach dem Festtag bleiben darüber hinaus nicht nur die Aktien, sondern auch noch das ganze Geld übrig - vielleicht für neue Saar-Aktien. Warum nicht das Depot etwas aufstocken?

So kostet beispielsweise ein Geburtstag mit 10 Personen bei der IDS-Scheer-AG etwa 100 Euro - im vergangenen Jahr konnte so jeder gleich seine Urlaubserinnerungen aus 7 Ländern bei dem 7 Länder-Büfett auffrischen! Bei Infor kostet der Feiertag sogar nur ca. 35 Euro - mit Speisen aus der ganzen Region - wo gibt es denn so etwas noch? Ja, geht das denn überhaupt? Springen Sie auf die fahrende Straßenbahn, warten und zögern Sie nicht, solange es noch so günstig ist. Gehen Sie zu Ihrer Bank und werden Sie Aktionär, ob Kegelclub, Studenten- oder Klassentreffen, Geburtstag oder ein sonstiges Jubiläum, Sie werden nur davon profitieren. Wenn Ihre Gäste erst Feuer gefangen haben, kaufen sie vielleicht Aktien von einem anderen Unternehmen und laden Sie dann ein.

Und so ganz nebenbei sind Sie auch noch Miteigentümer eines Unternehmens, ganz frei nach dem Motto:

Unternehmer werden ist nicht schwer!

Aktien à la carte

...und was sagen Personen aus der Wirtschaft dazu:

etwa **Prof. Dr. Dr. h.c. mult. August-Wilhelm Scheer**, Aufsichtsratsvorsitzender der IDS-Scheer AG, Beauftragter des Ministerpräsidenten des Saarlandes für Innovation, Forschung und Technologie :
„Jeder Aktionär ist bei mir sehr herzlich willkommen, und wer dafür noch sein Jubiläum opfert, über den freue ich mich ganz besonders."

Prof. Dr. Dr. h.c. mult. August-Wilhelm Scheer

Prof. Dr. Joachim Hertel

Prof. Dr. Joachim Hertel, Vorstandssprecher der Infor AG aus dem saarländischen Friedrichsthal:
„Gerade für Unternehmen aus dem Bereich der Informationstechnologie stellt die Rechtsform der AG ein hervorragendes Instrument dar, um künftiges Wachstum zu finanzieren; und die Informationstechnik ist nach wie vor einer der entscheidenden Wachstumsmotoren für unsere

Aktien à la carte

Wirtschaft insgesamt. Mit der Aktie der infor AG investieren Sie in diesen zukunftsweisenden Wirtschaftszweig.

Natürlich freuen wir uns über jeden auf unserer Hauptversammlung erscheinenden Aktionär, der dadurch ja auch seine Treue und Verbundenheit zu unserem Unternehmen untermauert. Platz ist für alle da, und wenn nicht, wird er geschaffen!"

Armin Gehl

Armin Gehl, Kuratoriumsvorsitzender des Wirtschaftsclub Saar-Pfalz-Moselle:
„*Der Weg über den Aktionär zu Mitinhabern saarländischer Unternehmen stärkt das Zusammengehörigkeitsgefühl in der Region und weckt Verbundenheit und Aufmerksamkeit zu wesentlichen Teilen unserer Wirtschaft; das kann nur gut sein!*".

Christian Ege, Leiter der Stabsstelle in der Saarländischen Staatskanzlei für Innovation, Forschung und Technologie:
"Wirtschaftlicher und technologischer Wandel wurde durch Innovation und Wagnis angetrieben. Aktionäre können diese Entwicklungen durch finanzielles Engagement unterstützen und von ihnen profitieren. Bei längerfristigen Investitionen entstehen Interessenbindungen zwischen Aktionären und Unternehmen. Hauptversammlungen sind Ort und Zeitpunkt, diese zu pflegen."

Christian Ege

Hellmut Kruppke

Helmut Kruppke, Vorstandssprecher der IDS-Scheer AG:
"Ich freue mich über die starke saarländische Aktionärsbasis und deren enge Beziehung zu unserem Unternehmen. Dies drückt sich auch in der bisherigen sehr regen Beteiligung an unseren Hauptversammlungen aus.

Aktien à la carte

Jacques Renard

Jacques Renard, Präsident des Deutsch - Französischen Wirtschaftsclub's CLUB DES AFFAIRES SAAR - LORRAINE:
„Breit gestreute Beteiligungen an Kapitalgesellschaften etwa durch Kleinaktionäre sind durchaus begrüßenswert, schaffen sie außer Motivationserhöhungen auch ein erhöhtes Interesse an der Geschäftsentwicklung eines Unternehmens und das fördert mitunter nicht nur den Absatz eines Unternehmens in der Region, sondern auch das Interesse an der Wirtschaft insgesamt."

Einer der Pioniere der Kleinaktionäre ist **Jürgen Jung** aus Merzig. Aus Spaß an der Sache hat er schon früh Aktien erworben, nicht um zu spekulieren, sondern um als Aktionär Gleichgesinnte auf Hauptversammlungen kennen zu lernen:
„ Ich wünsche mir, dass künftig viel mehr Aktionäre die Hauptversammlungen besuchen, sich dort aktiv einbringen, um so das Gemeinschaftsgefühl der Kleinaktionäre generell zu stärken und sich auch bewusst zu machen, dass sie selbst Miteigentümer der Gesellschaft sind.

Jürgen Jung

Aktien à la carte

Dipl.-Ing. Rainer Kuhn, Vorstandsvorsitzender des Arbeitskreises Wirtschaft (AKW) und Unternehmer aus dem nördlichen Saarland, von dem wohl die wenigsten wissen, dass in seinem Betrieb unter anderem Türen, Seitenteile und Kotflügel für ganz bekannte Automarken hergestellt und bis in die USA, nach Südafrika und Indien versandt werden:

Dipl.-Ing. Rainer Kuhn

„Zur Wachstums-Finanzierung eines Unternehmens ist eine Umwandlung des Unternehmens in eine AG und ein Gang an die Börse durchaus sinnvoll. Ein bewährtes Modell ist hierbei eine interdisziplinäre Besetzung des Aufsichtsrates und die operative Führung des Unternehmens in Händen der Unternehmerfamilie.

Die Ausgabe von Aktien an Mitarbeiter kann identitätsfördernd und motivierend sein, und auch Kunden an das Unternehmen binden.

Bei Beibehaltung der Aktienmehrheit behält der Unternehmer das Sagen und gewinnt finanzielle Handlungsspielräume für das Wachstum oder eine strategische Positionierung des Unternehmens."

Aktien à la carte

Elmar Pfeiffer

Elmar Peiffer, Geschäftsführer von Congress Centrum Saar (CCS), Saarbrücken:
„*Wir haben schon jede Art von Großveranstaltung durchgeführt, darunter zahlreiche Hauptversammlungen. Mit unseren beiden Häusern „Saarlandhalle" und „Congresshalle" sowie unserem Know How macht es uns keine Probleme, auch den letzten Aktionär zufrieden zu stellen. Und mit diesem neuen Buch werden die letzten Wissenslücken- soweit vorhanden- endgültig geschlossen. Wunderbare Zeiten für saarländische Aktionäre stehen bevor!*"

„*Gäbe, es von ihm Aktien, ich würde mir sofort welche kaufen*",
so **H. D. Bach**, Bestsellerautor vieler Bücher, unter anderem von „Sprechende Gesichter". Bekannter Antlitz-Diagnostiker aus „Fliege" - Sendungen, Thema Gesundheit. Bach entschlüsselt das Antlitz und hilft dem Körper. Er informiert das staunende Publikum über die Bedeutung der Falten, der For-

H. D. Bach

men von Nase, Kinn, Auge, Mund, Stirn, breiten, blassen oder schmaler Lippen. Was steckt dahinter? Ein Mann der die Antlitz-Diagnose beherrscht und seit über 30 Jahren in der Praxis anwendet. Ihm genügt ein Blick. Seine Einschätzung über Manfred O. Klein:

„ *Sein Gesicht verspricht Spontanität, Einfallsreichtum, quirlige Kurzweiligkeit gepaart mit einem Schuss Humor, Witz und Visionen. Klein weist die Tugenden ehrlicher Offenheit auf. Seinen Rat schätzte ich schon immer. Kurzum, es gibt zwar keine Aktien von ihm, aber endlich ein Buch. Ich war begeistert von seinen Gedanken, die ich live selbst schon miterleben konnte - auch auf Aktionärstreffen - einfach köstlich gut!"*

Wendelin von Boch-Galhau, Vorstandsvorsitzender der Villeroy & Boch AG, einer der erfolgreichsten Manager unseres Landes:

„*Der wesentliche Beweggrund für einen Aktionär, sein Geld in Aktien anzulegen, ist sicherlich die Erwartung einer angemessenen Rendite. Damit verbindet sich zugleich sein Interesse an der positiven Entwicklung des Unternehmens, für das er sich engagiert.*

Wendelin von Boch-Galhau

Die Aktie der Villeroy & Boch AG erwies sich im schwierigen Börsenumfeld als sichere und gute Anlage. Auch die Dividen-

denrendite ist seit Jahren überdurchschnittlich. Wir verfügen über eine klare Strategie, eine solide Substanz und den hohen Bekanntheitsgrad unserer Marke. Damit bieten wir den Investoren neben einer attraktiven Verzinsung ihres Engagements Sicherheit und Potenzial für die Zukunft.

Der ,,Markenbonus" hebt unsere Produkte aus der Anonymität eines teilweise unüberschaubaren Wettbewerbsumfelds sichtbar heraus. Marktuntersuchungen zeigen, dass die Marke Villeroy & Boch mit den Produkten unserer Unternehmensbereiche Fliesen, Bad und Küche sowie Tischkultur hinsichtlich Bekanntheit und Attraktivität bei Anwendern und Verbrauchern unangefochten an der Spitze vor den vergleichbaren Wettbewerbserzeugnissen steht.

Auf dem Weg vom reinen Hersteller keramischer Qualitätsprodukte im und am Haus entwickeln wir uns seit wenigen Jahren zu einem führenden Lifestyle-Anbieter von kompletten Ausstattungslösungen mit Fliesen für Wand und Boden im Privatbereich wie im Objektbau mit dem Angebot kompletter Badausstattungen einschließlich Badmöbeln, Armaturen und Accessoires, aber auch Badewannen, Dusch- und Dampfkabinen und Whirlpool-Systemen. Mit dem wohl umfangreichsten Produktportfolio bei Artikeln rund um den ,,komplett gedeckten Tisch" sind wir auch hier international führend.

Verbraucher und Anwender, aber auch unsere Aktionäre erkennen und akzeptieren unsere aktuelle strategische Ausrichtung, die sich auf verstärkte Innovationen mit hohem Kundennutzen und eine weiter gehende Internationalisierung unserer Geschäftsaktivitäten erstreckt, die uns von unserem nach wie vor wichtigen aber zunehmend labilen Heimmarkt Deutschland unabhängiger macht. Wir arbeiten hart an der

Aktien à la carte

Zielsetzung einer steigenden Ertragskraft, die nicht zuletzt unseren Aktionären zu Gute kommen wird."

„Gäbe es von der Stadt Aktien, würde ich sofort welche kaufen",
so höre ich immer öfters! Notwendige Voraussetzung aber: Die WND-AG! Die Rede ist von **Klaus Bouillon**, Bürgermeister der Stadt St. Wendel. Er hat aktuell seiner Stadt 50.000,- Euro damit erspart, dass keine andere Partei bereit war, gegen ihn überhaupt einen Kandidaten zu einer erneuten Bürgermeisterwahl aufzustellen – wegen Aussichtslosigkeit.

Klaus Bouillon – Mister 100 Prozent –

Wahlkampf überflüssig! Wer hat denn da noch für Interviews Zeit. Ich hätte ihn ja gerne gefragt, aber ausgelastet wie er ist, habe auch ich es erst gar nicht versucht Aber lieber Klaus, du könntest auch ein hochbezahlter Manager einer AG sein, wenn da das Kürzel WND nicht wäre, dem du die Treue hälst. Aber vielleicht wird ja aus dem Bürgermeister noch ein Oberbürgermeister von St. Wendel. Verdient hätten es er und seine Mannschaft. So ein bisschen AG sind sie ja schon, die WND-AG, grillen das ganze Jahr über, also eine gute Naturaldividende, Vorstand und Aufsichtsrat wie selten einig, Sympathisanten sind schon über das ganze Land verstreut, der Kurs stabil, die Innovationskraft hoch und alle haben ein gemeinsames Ziel: **Werte schaffen.**

Aktien à la carte

Wer organisiert Hauptversammlungen?

Hauptversammlungsorganisationsfirmen

Wahre volksfestartige Hauptversammlungen erlebten lange Jahre nicht nur Saarländer bei der ASKO AG in der Saarlandhalle in Saarbrücken. Für Eingeweihte war klar, der Termin ist heilig, mit dem wird der Urlaub abgestimmt.

Und **Günter Barhainski**, Geschäftsführer der HV Best GmbH, der heute wie damals mit seiner Mannschaft - leider kann ich sie hier nicht alle nennen, aber Sie werden sie ja noch kennen lernen - diese Aktionärstreffen organisiert, kann uns zwar nicht mehr die ASKO servieren, aber dafür einige andere Hauptversammlungen mit kulinarischen Genüssen.

Günter Barhainski

Es sind oft die Damen und Herren im Hintergrund, darunter viele Saarländerinnen und Saarländer, die mittlerweile bundesweit ihre Dienste unter großem Einsatz mit viel Erfolg anbieten. Nur die ASKO, die gibt es leider nicht mehr: *„Mir wäre es eine große Freude, nicht nur viele bekannte Gesichter, sondern vor allem auch neue Kleinaktionäre von unseren Leistungen zu überzeugen, an uns soll es nicht liegen"*, so Günter Barhainski.

Und noch etwas aus Baden-Württemberg:

Aktien à la carte: Bonbon Mannheimer Holding AG

Sie gehen ja, so Sie die Tipps aufgreifen, nun verstärkt auf Reisen. Zunächst zwar nur im Saarland, aber auch hier und nicht nur für Reisen zu Hauptversammlungen und für jede Ortsabwesenheit im In- und Ausland, also auch für Mallorca, den Stockweiher, für Sylt, Playa de Aro oder München, sollten Sie noch heute Aktionär der Mannheimer Versicherung werden. Nicht zu verwechseln mit einer anderen Versicherung. Damit kommen Sie in den Genuss der kostenlosen Mannheimer ServiceCard. Näheres dazu sehen Sie auf der noch folgenden Abbildung eines Schreibens der Mannheimer Versicherung an ihre Aktionäre.

So knapp 50 Euro blättern Sie hin, wenn Sie die Aktien mit der **Wertpapierkennnummer 842 800** in Ihr Aktiendepot ordern. Wenn Sie gefragt werden, an welchem Börsenplatz Sie ordern wollen, dann sagen Sie: egal, und gültig soll Ihr Auftrag sein bis ultimo, d.h. in der Regel den gesamten Kalendermonat, bis er ausgeführt ist. Und das Limit nicht vergessen. Bei dieser Aktie handelt es sich um eine Namensaktie, dadurch sind Sie dem Unternehmen namentlich bekannt und können persönlich angeschrieben werden. Wichtig für Sie: Um den Versicherungsschutz zu erhalten, brauchen Sie eine Aktie, Ihre Partnerin oder Ehefrau, Partner oder Ehemann, muss auf den eigenen Namen und eigenes Depot auch je eine Aktie kaufen, um als namentlich eingetragener Aktionär den gewünschten Versicherungsschutz zu bekommen. Bei dieser Versicherung brauchen Sie nicht auf das Kleingedruckte zu achten - es gibt keinen Vertrag, keine Klauseln und keine Beiträge, eben gratis und unkompliziert.

Hier wird nicht nur die Aktiengesellschaft, sondern auch die ganze Hauptversammlung mit Hans Schreiber, einem Dipl.- Psychologen gestaltet, in einer in der Branche einmaligen kostenlosen Therapiestunde, die Gesundheitskasse würde dazu sagen „Sitzung". Ach ja, eigentlich müssten die das dann auch bezahlen, müsste man nur noch einen Arzt finden, der diese Hauptversammlung verordnet. Vielleicht bietet auch die Mannheimer selbst die Versicherung dazu noch an.

Jetzt muss man schon in das Congress Centrum Rosengarten gehen, so viele Aktionäre kommen zur Hauptversammlung und wollen nicht nur das feine Schöller Eis genießen.

Und die Hauptversammlung konnte sich auch sehen lassen:

am 19.06.2001, in Mannheim, nachmittags
Parken: kostenlos
Garderobe: kostenlos

Ein kalt/warmes Büfett mit:

Nürnberger Würstchen mit Partybrötchen
und Mini- Laugenknoten
Cocktailhappen kalt
Forellenfilet
Gebratene Entenbrust mit Orangenfilets
Cocktailhappen warm
Mini-Pizza mit Salami oder Schinken
Käse - Lauchtörtchen

Aktien à la carte

Frühlingsröllchen mit Shrimps
Deftige Kleinigkeiten
Halbe belegte Roggenbrötchen
mit gekochtem Saftschinken
Schweizer Käse
Truthahnbrust
Parmaschinken mit Melonen
Gebratene Poulardenbrust mit Honignüsschen
Räucherlachs mit Sahnemeerrettich
Frischkäse mit Gartenkräuter
Briekäse mit Weintrauben
Cocktailhappen süss
Blechkuchencanapées
Sauerkirch- Schoko- Muffins
Frischer Obstsalat im Glas
Erdbeer - Rhabarber - Grütze im Glas

dazu die Getränke:
Mineralwassser
alkoholfreie Getränke
Diverse Säfte, Granini
Eichbaum Ureich Pils
Eichbaum City Alkoholfrei
1999 Deidesheimer Hofstück
Riesling, Kabinett trocken
Niederkirchener Winzer- Verein
1999 Mundinger Alte Burg
Spätburgunder, Qualitätswein trocken
Weingut Moosmann, Waldkirch - Buchholz
2000 Weisenheimer Hasenzelle

Aktien à la carte

Rosé trocken
Weingut H. W. Schubar, Weisenheim am Sand
von allem so viel, wie das Herz begehrte!
Da blieben keine Wünsche offen!

Wie in jedem Jahr erhielt jeder Aktionär eine zusätzliche Naturaldividende, diesmal einen Kugelschreiber „Graduate", mattschwarz von Waterman.

Die Hauptversammlung beginnt normalerweise mittags, also ein Fall für das Rheinland-Pfalz-Saarland-Ticket! Sie wissen ja, 5 Leute hin und zurück für 21 Euro, verbunden vielleicht mit einem Stadtbummel in die nahe gelegene Innenstadt.

Der derzeitige Wert beträgt ca. 50,- €

Vor wenigen Monaten betrug er noch etwa das Zehnfache, also ca. 500 Euro. Was wäre denn für den kostenlos integrierten Versicherungsschutz ohne Kleingedrucktes und ohne Vertragsablauf überhaupt zu zahlen? Aber nicht wegen einem Kursverfall der Aktie ist der Wert gesunken, nein, das hat man bei dem Unternehmen so noch nicht erlebt, sondern wegen Aktiensplitting. Aus 1 Aktie machte man 10, im Endeffekt der gleiche Wert, aber das Versicherungspaket kostet den Aktionär nun gegenüber früher nur noch ein Zehntel. Aber nicht nur das Paket, das Essen und Trinken auch. Lecker, oder?! Und dazu gibt es noch regelmäßig schwarze Zahlen und die Dividende kann sich ebenfalls sehen lassen.

Aktien à la carte

Zur Motivation mal das Anschreiben an jeden Aktionär, auch an den, der nur eine einzige Aktie hat.

Mannheimer. Mit anderen Versicherungen nicht zu verwechseln.

ServiceCard

Sehr geehrter Aktionär,

Sie erhalten heute Ihre neue ServiceCard. Mit ihr können Sie unsere ergänzenden Dienstleistungen in Anspruch nehmen, die wir ständig um bedarfsgerechte Komponenten erweitern. Rund um die Uhr, an allen Tagen im Jahr können Sie sich über unsere Service-Nummer, die auf der Rückseite Ihrer ServiceCard abgedruckt ist, an uns wenden. Bitte sagen Sie, dass Sie Aktionär der Mannheimer sind, wenn Sie anrufen.

Unsere ergänzenden Dienstleistungen ...

... runden unsere Versicherungsprodukte sinnvoll ab. Beispielsweise stehen für Kunden der Mannheimer Krankenversicherung AG mit einer Vollversicherung oder einer stationären Zusatzversicherung umfangreiche medizinische Dienstleistungen zur Verfügung, deren Kosten wir voll anerkennen.

Als Aktionär der Mannheimer können Sie unsere Auskünfte und Informationsdienste unentgeltlich in Anspruch nehmen, außerdem vermitteln wir Ihnen kostenlos verschiedene Leistungen ...

... für Ihre Gesundheit

- Sie suchen einen Spezialisten in Ihrer Nähe, der mit dem Bus erreichbar ist und Englisch spricht? Wir geben detaillierte Auskunft und vereinbaren auf Wunsch den Termin für Sie.
- Sollten Sie Probleme mit Herzrhythmusstörungen bekommen, können wir Ihnen kostengünstig ein Tele-EKG-Gerät zur Verfügung stellen, das Sie und Ihren Arzt rund um die Uhr bei der Diagnose und Therapie unterstützt.
- Wir vermitteln Fachkräfte für die häusliche Rund-um-die-Uhr-Betreuung von Pflegebedürftigen.
- Wir unterstützen Sie oder Ihren behandelnden Arzt bei der Suche nach OP-Plätzen für dringliche Operationen.
- Zu besonders günstigen Konditionen können wir für Sie Gesundheitstage – einen gesundheitsfördernden Kurzaufenthalt – in einer der Kliniken vermitteln, mit denen die Mannheimer Krankenversicherung AG kooperiert.

... für mehr Sicherheit

- Brauchen Sie eine technische Sicherheitsberatung und mechanische oder elektronische Sicherungen für Ihr Eigentum? Wir beraten Sie gerne.
- Wir vermitteln Ihnen zuverlässige Haushüter, wenn Sie im Urlaub sind.
- Wenn Sie an einem persönlichen Training zur realistischen Selbstverteidigung interessiert sind, geben wir Ihnen gerne Auskünfte.

... für unbeschwertes Reisen

- Im Vorfeld einer Reise können wir Sie entlasten, indem wir Ihre Flugtickets – auch noch am Vorabend – gegen Rechnung buchen und sie am Flughafen hinterlegen lassen oder Ihnen zusenden.
- Sie möchten mit möglichst geringem gesundheitlichem Risiko ins Ausland reisen? Wir schicken Ihnen einen Reisegesundheitsbrief mit Informationen über notwendige und empfehlenswerte Impfungen und wichtigen Adressen für das Reiseland. Im Notfall vermitteln wir Arzt-zu-Arzt-Gespräche, um einen medizinisch notwendigen Rücktransport aus dem Ausland in die Wege zu leiten.

Genaueres ...

erfahren Sie, wenn Sie uns unter unserer Service-Nummer 01 80. 2 20 24 anrufen oder wenn Sie uns im Internet unter www.mannheimer.de besuchen. Gerne senden wir Ihnen auch die Broschüre „Medizinische Dienstleistungen".

Wir danken Ihnen für das Interesse und Vertrauen, das Sie uns durch Ihr Investment in die Mannheimer Aktie entgegenbringen.

Mit freundlichen Grüßen
Ihre
Mannheimer AG Holding

Schreiber   Lichtenberg

Weil das Originalschreiben etwas zu klein gedruckt ist und diese Ablichtung Fragen offen lässt, wird der Text anschließend ausnahmsweise groß gedruckt wiedergegeben, damit Sie es wirklich glauben können - ungewöhnlich, Kleingedrucktes von Versicherungen mal groß gedruckt! Mit anderen Versicherungen eben nicht zu verwechseln, die Mannheimer Versicherung!

Sehr geehrter Aktionär,
Sie erhalten heute ihre neue ServiceCard. Mit ihr können Sie unsere ergänzenden Dienstleistungen in Anspruch nehmen, die wir ständig um bedarfsgerechte Komponenten erweitern. Rund um die Uhr, an allen Tagen im Jahr können Sie sich über unsere Service-Nummer, die auf der Rückseite ihrer Service-Card abgedruckt ist, an uns wenden. Bitte sagen Sie, dass Sie Aktionär der Mannheimer sind, wenn Sie anrufen.
Unsere ergänzenden Dienstleistungen
...runden unsere Versicherungsprodukte sinnvoll ab. Beispielsweise stehen für Kunden der Mannheimer Krankenversicherung AG mit einer Vollversicherung oder einer stationären Zusatzversicherung umfangreiche medizinische Dienstleistungen zur Verfügung, deren Kosten wir voll anerkennen.
Als Aktionär der Mannheimer können Sie unsere Auskünfte und Informationsdienste unentgeltlich in Anspruch nehmen, außerdem vermitteln wir ihnen kostenlos verschiedene Leistungen....

...für Ihre Gesundheit
- Sie suchen einen Spezialisten in Ihrer Nähe, der mit dem Bus erreichbar ist und Englisch spricht? Wir geben detaillierte Auskunft und vereinbaren auf Wunsch den Termin für Sie.

- Sollten Sie Probleme mit Herzrhythmusstörungen bekommen, können wir Ihnen kostengünstig ein Tele-EKG-Gerät zur Verfügung stellen, das Sie und Ihren Arzt rund um die Uhr bei der Diagnose und Therapie unterstützt.
- Wir vermitteln Fachkräfte für die häusliche Rund-um-die-Uhr-Betreuung von Pflegebedürftigen.
- Wir unterstützen Sie oder Ihren behandelnden Arzt bei der Suche nach OP-Plätzen für dringliche Operationen.
- Zu besonders günstigen Konditionen können wir für Sie Gesundheitstage - einen gesundheitsfördernden Kurzaufenthalt - in einer der Kliniken vermitteln, mit denen die Mannheimer Krankenversicherung AG kooperiert.

...für mehr Sicherheit

- Brauchen Sie eine technische Sicherheitsberatung und mechanische oder elektronische Sicherungen für Ihr Eigentum? Wir beraten Sie gerne.
- Wir vermitteln Ihnen zuverlässige Haushüter, wenn Sie im Urlaub sind.
- Wenn Sie an einem persönlichen Training zur realistischen Selbstverteidigung interessiert sind, geben wir Ihnen gerne Auskünfte.

...für unbeschwertes Reisen

- Im Vorfeld einer Reise können wir Sie entlasten, indem wir Ihre Flugtickets - auch noch am Vorabend - gegen Rechnung buchen und sie am Flughafen hinterlegen lassen oder Ihnen zusenden.
- Sie möchten mit möglichst geringem gesundheitlichen Risiko ins Ausland reisen? Wir schicken Ihnen einen Reisegesundheitsbrief mit Informationen über notwendige und empfehlenswerte Impfungen und wichtigen Adressen für

das Reiseland. Im Notfall vermitteln wir Arzt-zu-Arzt-Gespräche, um einen medizinisch notwendigen Rücktransport aus dem Ausland in die Wege zu leiten.
Genaueres erfahren Sie, wenn Sie uns unter unserer Service-Nummer 0180.22024 anrufen oder wenn Sie uns im Internet unter www.mannheimer.de besuchen. Gerne senden wir Ihnen auch die Broschüre „Medizinische Dienstleistungen".
Wir danken Ihnen für das Interesse und Vertrauen, das Sie uns durch Ihr Investment in die Mannheimer Aktie entgegenbringen.

M Mannheimer.
Mit anderen Versicherungen nicht zu verwechseln.

ServiceCard

Mit freundlichen Grüßen
Ihre
Mannheimer AG Holding
Schreiber Lichtenberg

Aktien à la carte

Aktien à la carte

Und wie ging's 2002 weiter

nach einem schlimmen Börsenjahr 2001?

München

Haben Sie nicht schon immer einmal mit dem Gedanken gespielt, mit Ihrer Familie eine Städtereise nach München zu unternehmen und dabei die Olympiahalle nicht nur von außen, sondern auch von innen zu bestaunen.

München...teures Pflaster? Weit gefehlt.

Mit der **Siemens AG** mit Hauptsitz in München kein Problem. Der Gang in die Olympiahalle in München ist in der Regel an eine (teure) Eintrittskarte gebunden. Nicht so bei der jährlichen Hauptversammlung der Siemens AG mit über 10.000 Aktionären, hoffentlich demnächst auch mit Ihnen. Hier dient die Aktie als Ticket und hat auch noch den Wert nach Verlassen der Olympiahalle, vielleicht ein Leben lang.
Die Siemensaktie, ein idealer Partner für eine Städtereise nach München. Mit der Übersendung der Eintrittskarte zur Siemens Hauptversammlung erhalten Sie gleichzeitig eine Berechtigung für Freifahrten mit allen öffentlichen Verkehrsmitteln im Münchener Verkehrsraum. Den ganzen Tag lang. Essen und trinken teuer? Nicht doch! Hier kocht sogar Feinkost Käfer, vom Frühstück, und wenn es sein muss, bis zum Abendessen, und das für Sie alles kostenlos. Was kostet die Aktie heute? Gerade mal um die

70,- €
Wertpapierkennnummer: 723 610

Aktien à la carte

Aber nicht vergessen, die Siemens-Aktie ist eine Namensaktie. Wenn Sie die ordern und Sie wollen mit Begleitung hin, müssen Sie pro Person mindestens eine Aktie auf ein Depot ordern.

Ihr Eintritts- und Stimmkartenblock für die ordentliche Hauptversammlung der Siemens AG am 17. Januar 2002.

Sehr geehrte Aktionärin, sehr geehrter Aktionär,

wir freuen uns, dass Sie an unserer ordentlichen Hauptversammlung am 17. Januar 2002 in der Olympiahalle in München teilnehmen wollen. Anbei übersenden wir Ihnen Ihren Eintritts- und Stimmkartenblock. Bitte bringen Sie diesen zur Hauptversammlung mit, da dieser Ihnen Zutritt zur Hauptversammlung gewährt.
Um einen reibungslosen Ablauf zu ermöglichen, haben wir eine elektronische Eingangskontrolle zur Registrierung eingerichtet. Nach den Sicherheitskontrollen gehen Sie bitte durch diese Eingangskontrolle, bei der Sie Ihren Eintritts- und Stimmkartenblock dicht an die Erfassungsfläche halten. Falls Sie im Besitz mehrerer Blöcke sind, z. B. weil Sie noch andere Aktionäre vertreten, verfahren Sie bitte mit allen Blöcken auf diese Weise. Nur dann können wir sämtliche Aktien, die von Ihnen vertreten werden, als präsent und stimmberechtigt in das Teilnehmerverzeichnis aufnehmen. Wenn Sie einen anderen Aktionär vertreten und der Eintritts- und Stimmkartenblock nicht bereits auf Sie ausgestellt ist, so geben Sie bitte die ausgefüllte Vollmachtskarte (1. Karte des Blocks) an der Eingangskontrolle ab.
Bitte beachten Sie unbedingt auch die „**Hinweise zur Hauptversammlung**", die auf der ersten Umschlagseite Ihres Blocks abgedruckt sind.

Mit freundlichen Grüßen
Siemens Aktiengesellschaft

MVV-Fahrkarte

Am 17. Januar 2002 gültig zur beliebigen Benutzung der MVV-Verkehrsmittel im Gesamttarifgebiet.

Gehen Sie lieber in den Münchner Löwenbräukeller? Dann lesen Sie meine nächste Veröffentlichung, darin steht noch viel mehr über München, auch über einen kostenlosen Besuch im Löwenbräukeller. Natürlich mit Freibier bis zum Abwinken. Wenn Sie schon mal auf dem Oktoberfest waren, wissen Sie ja, was eine Maß sonst kostet.

Nicht nur VW hatte einen Käfer, München hat immer noch einen - und der kocht und kocht und kochte auch wieder am 17. Januar 2002 bei der

Hauptversammlung der Siemens AG

in der Münchener Olympiahalle im Olympiapark.
Die Aktionärsverpflegung stimmte wie immer, es geht also wie gewohnt weiter - auch nach den Crashs! Wer nicht die öffentlichen Verkehrsmittel benutzen wollte, konnte selbstverständlich kostenlos in der unmittelbaren Nähe des Olympiaparks parken. Und einen Euro Dividende pro Aktie gab es auch noch!

Der Beginn der Versammlung: 10.00 Uhr
Garderobe: kostenlos

Frühstück bereits ab 8.30 Uhr mit
ofenfrischen Brezeln
Croissants
gemischtem Plundergebäck
Kaffee und alkoholfreien Getränken
von allem so viel man wollte.

Aktien à la carte

ab 10.30 Uhr bis zum Ende der Versammlung:
Kirschtomaten und Baby-Mozzarella-Spieße
Gemüse-Feta - Spießchen
Kleine Fleischpflanzerl am Spieß mit Paprika
Bunte Gemüsestäbchen mit verschiedenen Dips
pikanter Sauerrahm, Calypso, Cocktaildip
Guacamola, Salso, Remoulade
Laugenstangerl mit Obazda
Laugenschnitten mit Kräuterquark
dazu gemischte Brotauswahl

Warme Speisen zwischen 11.30 und 13.00 Uhr:
Würstltopf mit Wiener
Pfälzer und Drbreziner Würstl
dazu Senf und frische Semmeln
Leberkäs in der Krustisemmel
Spinatstrudel
überbackenes Baguette mit Speck und Käse

und zum Naschen:
Eis in drei verschiedenen Sorten
so viel man sich selber holen und vertragen konnte
aus den bereitgestellten Kühltruhen

Am Nachmittag gab es:
Gebäck, gemischtes Plundergebäck und Croissants
ofenfrische Brezln
und frische Milch.

Um beim Lesen von Aktien à la carte noch richtig Sektlaune aufkommen zu lassen, hier eine Beschreibung der Sektaktie der

Sektkellerei Schloss Wachenheim AG

Als eine der ältesten Aktiengesellschaften Deutschlands ist diese Gesellschaft heute der grösste Weinverarbeiter, Sekt- und Schaumweinhersteller der Welt. Mit dem Einstieg des heutigen Hauptaktionärs, der **Günther Reh AG** aus Trier (Faber Sekt) in schwierigen Zeiten der Wachenheim AG, wurde das Unternehmen zu seiner jetzigen Marktposition kontinuierlich ausgebaut, mit vielfältigen Beteiligungen im In- und Ausland. Im Schloss Wachenheim in Wachenheim in der Pfalz, dem Sektschloss mit Tradition und Zukunft, wurde in eine neue Sektmanufaktur mit modernsten Fertigungsmethoden in Verbindung mit traditionell handwerklichen Produktionsverfahren im Bereich der Flaschengärung investiert, die nicht nur in Deutschland, sondern auch international Beachtung und Anerkennung findet.

Von einem anderen Schloss des Unternehmens, dem Schloss Böchingen, treten die innovativen Produkte Robby-Bubble, (der Name ist Programm!) das Kinderpartygetränk, und der alkoholfreie Sekt Light Line ihren Siegeszug an, zusammen mit anderen innovativen Produkten für den in- und ausländischen Markt.

Das Vorstandsteam mit Nick Reh, Manfred Aernecke und Uwe Moll und etwa 195 Mitarbeiter gehen mit spritziger, vor Elan sprühender Energie neue Wege, verbinden Tradition und Zukunft und servieren dem Verbraucher und Aktionär immer wieder etwas Neues, Prickelndes zu seinem Vergnügen. Und auf meine Frage spricht der Vorstandsvorsitzende Nick Reh unter dem Beifall der Aktionäre nicht von „Squeeze-out" sondern davon, noch mehr Aktionäre ins Boot zu holen.

Hauptversammlung am 27.02.2002

Dieses Jahr lud die Aktiengesellschaft ihre Aktionäre in das Haus der Wirtschaft nach Stuttgart ein. Dort konnten sie sich ab 9.00 Uhr mit frischen Butterbrezeln, Kaffee, Tee und alkoholfreien Getränken, auch aus der eigenen Produktion, von der langen Reise erholen und für die um 10.00 Uhr beginnende Hauptversammlung stärken. Parken konnte man gleich in dem Parkhaus gegenüber, natürlich kostenlos, wie auch die Benutzung der Garderobe in dem schönen Haus.

Aktien à la carte

Zum Frühstück gab es:
Butterlaugenstangen
Kaffee, Tee, alkoholfreie Getränke
wie Orangensaft, Apfelsaft
Mineralwasser
Robby Bubble, drei Sorten:
berry, strawberry, peach
und Faber light line

Auch während der Hauptversammlung konnte man sich an den bereitstehenden Tischen mit reichlich belegten Brötchen und natürlich auch weiter mit Robby Bubble verpflegen. In der sehr interessant gestalteten und gut vorbereiteten Hauptversammlung wurden den Aktionären neben Zahlen und Fakten auch die neuesten, sehr ansprechenden und prickelnden Werbefilme exklusiv vorgeführt, die zusätzlich noch einen Einblick in die verschiedenen perlenden Produkte und die zukünftige Strategie des Unternehmens gaben.

Im Anschluss an die Hauptversammlung gab es, natürlich, Sekt in berauschenden Mengen, auf den einladend gedeckten Tischen stand zusätzlich Weißwein in Kühlbehältern zum freien Bedienen, zusätzlich servierte man alkoholfreien Sekt Faber light line aus der eigenen Produktion und andere Erfrischungen. Abendessen war zu Hause nicht mehr nötig, denn auch am leckeren Büfett konnte man sich reichlich bedienen.

Nach der Hauptversammlung:
geschabte Spätzle vom Brett
Putengeschnetzeltes mit Champignons

Aktien à la carte

6 verschiedene Salatsorten
3 verschiedene Dressings
Kartoffeltaschen mit Quarkfüllung an Spinat
Dessert:
süßer Quark mit Pistazienkernen und Früchten
Getränke:
bis zum Abwinken aus dem eigenen Sortiment:
Weißburgunder extra trocken
Flaschengärung (Deutscher Sekt)
Prosecco Azzurro
Wein Palais Kesselstatt 1999er Riesling
alkoholfreie Getränke: Kaffee, Tee
Orangen- und Apfelsaft, Mineralwasser
Robby Bubble, Faber light line

Aktien à la carte

Aktien à la carte

Zu absoluten Sonderpreisen konnte man als Aktionär edle Produkte der Sektkellerei erwerben und gleich mitnehmen, für diejenigen, die neben dem kostenlosen Geschenk überhaupt noch etwas tragen konnten: Als zusätzliche Naturaldividende für jeden erschienenen Aktionär gab es, wie jedes Jahr, noch eine schöne Geschenkpackung in einer Jutetasche mit je einer originalgroßen Flasche Robby-Bubble, Wachenheim Riesling Sekt und Prosecco. Die passenden Gläser dazu hatte man noch vom Vorjahr!

Von morgens 9.00 Uhr bis nachmittags, wer wollte auch bis in den Abend, konnte man sich auf der Hauptversammlung vergnügen und anschließend, wenn man noch konnte, einen Bummel zu dem nahegelegenen Schloss oder in die Stuttgarter Innenstadt unternehmen, alles bequem zu Fuß zu erreichen und im Parkpreis enthalten! Ja, wenn das nichts ist für etwa

6,00 €
Wertpapierkennnummer: 722900

Unlängst geisterte diese Aktie noch durch die Presse als dividenenrenditestärkste Aktie Deutschlands. Ich sage heute, das ist sie immer noch, und zwar die stärkste Naturaldividenenaktie in diesem Segment. Nichts wie hin, vielleicht sehen wir uns im nächsten Jahr, und dann möglicherweise im Schloss Wachenheim in Wachenheim an der Weinstrasse - in einer herrlichen Umgebung - mit anschließender Besichtigung der bekannten Sektkellerei, mit historischem Ambiente in einmaliger Atmosphäre. Auch unabhängig von der Hauptversammlung ein schönes Ausflugsziel, und Sekt gibt es dort auch, und nicht nur den. Schauen sie sich mal in Supermärkten um, Sie werden staunen, was dort alles von diesem Unternehmen steht, angefangen von Faber-Sekt bis zu besten spanischen Sektsorten. Auf Anhieb kann man heute oft nicht mehr erkennen, welche Produkte in den Regalen von dem jeweiligen Konzern kommen. Aber wer kennt nicht „die kleine Reblaus", Pinot Grigio, Palmero, Prosecco Azzurro, Feist, Schloss Wachenheim, Belmont, Faber Krönung… um nur einige zu nennen. Und wenn von ganz edlen Tropfen im oberen Gourmet-Segment aus dem Munde von preisgekrönten Sommeliers beispielsweise Palais Kesselstadt zu hören ist, dürfen Sie dreimal raten, aus welchem Bereich diese stammen!

Aktien à la carte

Stimmkarte zur
ordentlichen Hauptversammlung
am 27.02.2002 in Stuttgart

SCHLOSS WACHENHEIM AKTIENGESELLSCHAFT

Nr. 0314

Stimmen: 1
Besitzart: Fremdbesitz

Manfred Klein

66130 Saarbrücken

Wir begrüßen Sie auf der ordentlichen Hauptversammlung der **Sektkellerei Schloss Wachenheim AG**. Sie sind mit der oben angegebenen Stimmenzahl zur Ausübung des Stimmrechts angemeldet.

Sektkellerei Schloss Wachenheim AG

Stimmcoupon 17	Stimmcoupon 16	Stimmcoupon 15	Stimmcoupon 14
0314 1 SCHLOSS WACHENHEIM AKTIENGESELLSCHAFT	0314 1 SCHLOSS WACHENHEIM AKTIENGESELLSCHAFT	0314 1 SCHLOSS WACHENHEIM AKTIENGESELLSCHAFT	0314 1 SCHLOSS WACHENHEIM AKTIENGESELLSCHAFT
Stimmcoupon 13	Stimmcoupon 12	Stimmcoupon 11	Stimmcoupon 10
0314 1 SCHLOSS WACHENHEIM AKTIENGESELLSCHAFT	0314 1 SCHLOSS WACHENHEIM AKTIENGESELLSCHAFT	0314 1 SCHLOSS WACHENHEIM AKTIENGESELLSCHAFT	0314 1 SCHLOSS WACHENHEIM AKTIENGESELLSCHAFT
Stimmcoupon 9	Stimmcoupon 8	Stimmcoupon 7	Stimmcoupon 6
0314 1 SCHLOSS WACHENHEIM AKTIENGESELLSCHAFT	0314 1 SCHLOSS WACHENHEIM AKTIENGESELLSCHAFT	0314 1 SCHLOSS WACHENHEIM AKTIENGESELLSCHAFT	0314 1 SCHLOSS WACHENHEIM AKTIENGESELLSCHAFT
Stimmcoupon 5	Stimmcoupon 4	Stimmcoupon 3	Stimmcoupon 2
0314 1 SCHLOSS WACHENHEIM AKTIENGESELLSCHAFT	0314 1 SCHLOSS WACHENHEIM AKTIENGESELLSCHAFT	0314 1 SCHLOSS WACHENHEIM AKTIENGESELLSCHAFT	0314 1 SCHLOSS WACHENHEIM AKTIENGESELLSCHAFT

Aktien à la carte

Kleinaktionäre wieder gefragt!

Naturaldividende kostet Vorstand bei der Sektkellerei Wachenheim AG die Entlastung.

Dass die Naturaldividende durchaus ein ernst zu nehmendes Thema für Aktionäre und Aktiengesellschaft ist, beweist der nachfolgende Bericht.
Normalerweise gibt es Naturaldividenden auf den Hauptversammlungen der Aktiengesellschaften, um Aktionäre mit kleinen Geschenken und guter Verpflegung bei Laune zu halten. So auch bei der Sektkellerei Schloss Wachenheim AG auf ihrer Hauptversammlung in Stuttgart, wo man am Ende dieses Tages normalerweise gestärkt von einem guten Essen und beschwingt von prickelnden Kostproben der hauseigenen Produkte, noch mit einem 3-er Pack Getränke aus dem firmeneigenen Sortiment, zufrieden nach Hause geht.

Diesmal aber gefiel die Gleichbehandlung aller erschienenen Aktionäre einem aus Köln angereisten Aktionär überhaupt nicht: „Bei seinem fast 4 %igem Anteil müsste er mit einer gesamten LKW- Ladung Naturaldividende von Stuttgart nach Köln zurückfahren, und das üppige Essen für Kleinstaktionäre schmeckt ihm auch nicht - er hätte sich sein Brot selbst mitgebracht", verkündete er auf der Hauptversammlung und hielt seine Stulle hoch. Während sich schon viele Kleinaktionäre gegen Ende der Versammlung an der Naturaldividende erfreuten und den Sitzungssaal und die Präsenzzone dazu verlassen mussten, also nicht mehr als anwesend galten, nutzte der Kölner Aktionär seinen eigentlich im Verhältnis zum 80 %igen Anteil des Großaktionärs, der Günther Reh AG, kleinen Anteil, um gegen die Entlastung des Vorstandes zu stimmen. Mit unerwarteten Folgen, denn durch das Stimmrechtsverbot bei der Abstimmung über die eigene Entlastung konnte der Vorstandsvorsitzende Nick Reh selbst nicht teilnehmen, weshalb die 80 % Stimmenanteile keine Rolle mehr spielten, sondern nur die Stimmen der übrigen verbliebenen Aktionäre. Und hier hatte der Kölner eine Mehrheit, und dem Vorstand verging die Sektlaune: Trotz guter Zahlen wurde er nicht entlastet, obwohl es zu Beginn des Aktionärstreffen nur den alkoholfreien Robby Bubble gab.

Kurz zuvor hatte ich selbst als Aktionärssprecher noch auf die möglichen Folgen der veränderten Mehrheitsverhältnisse in der Versammlung hingewiesen. Dies nahm man offenbar im Vorfeld der Versammlung nicht sehr ernst und hat die möglichen Folgen unterschätzt. Juristische Folgen hat das normalerweise keine, die Abstimmung kann auch nicht auf schriftlichem Wege nachgeholt werden. Aber immerhin ist dies eine kursbeeinflussende Tatsache, wobei in der Bevölkerung der Eindruck entstehen könnte, das in dem Unternehmen etwas nicht in Ordnung sei. So hat man sogar schon in Ludwigshafen gefragt: „Ist denn der Lembke wieder aktiv?" Der Name ist noch nicht vergessen, denn mit ihm wäre die Sektkellerei Wachenheim vor Jahren beinahe in einem Konkurs ertrunken. Damals wurde die Günter Reh AG Mehrheitsaktionär bei Wachenheim und rettete damit das Unternehmen mit den Gebrüdern Reh aus Trier vor dem Untergang.

Der Vorstand hat sich in diesem Fall aber nichts zu Schulden kommen lassen, im Gegenteil. Die Ergebnisse sind ok, nur der Kurs lässt zu wünschen übrig, aber das ist zur Zeit bei vielen anderen Gesellschaften auch so. Vorstand und Aufsichtsrat ist kein Fehlverhalten vorzuwerfen. Deswegen traf der Vorfall den Vorstand in einer Härte, die er nicht verdient hatte. Nur, weil man als Kleinaktionär nicht genügend Sekt bekommt, die Entlastung eines gesamten Vorstandes zu verweigern, ist schon etwas gewöhnungsbedürftig. Jedenfalls ist es für das Unternehmen danach schon wichtig, die wahren Gründe bekanntzumachen, damit ein sehr aktiver Vorstand und eine funktionierende Gesellschaft nicht grundlos abgestraft werden und der Kurs durch eine solches Ereignis zusätzlich leidet.

Aktien à la carte

Vorstand wieder in Sektlaune

Von links: Nick Reh (Sprecher), Manfred Aernecke, Uwe Moll

Deshalb gilt für die nächste Hauptversammlung der Sektkellerei Wachenheim das Motto: Ihr Kleinaktionäre kommt alle her, überstimmt mit euren 16 % einen einzelnen Aktionär mit knapp 4 %, damit auch der Vorstand wieder in Sektlaune arbeiten kann. Das Unternehmen könnte ja diesmal vielleicht schon vor der Versammlung den Umfang der Naturaldividende bekanntgeben, dann kommen vielleicht noch mehr angereist. Jedenfalls wurde bereits zwei Tage später im Mannheimer Rosengarten bei einem Aktionärstreffen mein Satz, gerichtet an Vorstand und Aufsichtsrat der MVV Energie AG: "Hegt und pflegt eure Kleinaktionäre" mit großem Applaus der ca. 1.500 angereisten Mitaktionäre bedacht, denen das wohl wie Musik in den Ohren klang. Das ist ein kleines Beispiel dafür, was auch wenige Stimmen aus- oder anrichten können und wie wichtig Kleinaktionäre für die Unternehmen sind.

Aktien à la carte

Noch etwas Erfreuliches aus Mannheim:

MVV Energie AG

Die **MVV Energie AG** (WKN 725 590), mit Sitz in Mannheim, ist als innovativer Energieverteiler und Dienstleister national und international erfolgreich. Seine Kernkompetenzen liegen bei Strom, Gas, Wärme, Entsorgung und Wasser, er verfügt über ein hohes technisches Know-how in der Verteilung und nutzt die vorhandene traditionell enge Kundenbindung. Aus dem Kerngeschäft heraus wurde das Unternehmen zu einem Komplettanbieter für Dienstleistungen rund um die Energieverteilung und Wasserversorgung entwickelt. Mit dem europaweiten Energiehandel zählt es inzwischen zu den in Deutschland führenden Energiehandelshäusern.

Die Basis dazu wurde unter anderem durch den Erwerb von Beteiligungen an Verteiler- und Serviceunternehmen im In- und Ausland verbreitert. Darüber hinaus wird gezielt in Erneuerbare Energien investiert. Konzentriert wird sich dabei auf die dezentrale Energieerzeugung aus Biomasse, Windkraft und Photovoltaik. Durch strategische Beteiligungen an Technologieunternehmen verschafft man sich einen Zugang zu aussichtsreichen Schlüsseltechnologien, mit denen das Kerngeschäft auch in Zukunft gut positioniert ist. Als erstes kommunales Versorgungsunternehmen in Deutschland ist die MVV AG an der Börse seit 1999 notiert.

Besondere Innovationen:

Powerline - Internetzugang über die Steckdose
Erneuerbare Energien, z.B. CIS/Dünnschichttechnologie in der Photovoltaik
Dienstleistungen, z.B. Power Quality Management
Zum 30.9.2001 zählte das Unternehmen 3474 Mitarbeiter. Die Dividendenrendite betrug über 7% auf den Geschäftsjahresschlusskurs (inkl. Körperschaftssteuererstattung).
Unter der Führung von Roland Hartung, Sprecher des Vorstandes und kürzlich erst zum Energiemanager des Jahres gewählt, hat sich die MVV Energie vom ehemaligen Stadtwerk zu einer international erfolgreich agierenden „Multi-Utility Gruppe" entwickelt. Seit dem Börsengang 1999 wurde der Umsatz von 560 Mio. Euro auf 2,3 Mrd. Euro im Geschäftsjahr 2000/01 gesteigert. Eine, im wahrsten Sinne des Wortes, „spannende" Entwicklung eines Versorgungsunternehmens. Eine energiegeladene Mannschaft, die nach der Liberalisierung der Märkte aus einem mittelgrossen Unternehmen ein heute zu den Top Ten der deutschen Energieanbieter gehörendes Unternehmen gemacht hat. Wenn das nicht spannend bleibt!

Aktienkurs derzeit ca.: 16 €

Aktien à la carte

Hauptversammlung am 01.03.2002, in Mannheim im Congress Center (Rosengarten),
mit Live-Übertragung in das Internet
Innovativ ist nicht nur das Unternehmen in seinen Geschäftsbereichen, auch auf der Hauptversammlung zeigt man sich von dieser Seite. Der Stimmkartenblock wurde, kombiniert mit der Eintrittskarte, schon vorher übersandt. Dieser berechtigte auch gleichzeitig zur kostenlosen Nutzung der Busse und Bahnen im Stadtgebiet der MVV Verkehr AG und der OEG AG. Ebenso gab es neben einer ausführlichen Weg- und Anreisebeschreibung Hinweise auf kostenlose Parkmöglichkeiten im Veranstaltungsgebäude. Mit einem neuartigen elektronischen System, der „Transponderschleuse", wurde dieses Jahr erstmals mit einem innovativen System der Siemens AG vollelektronisch eingecheckt, was sehr gut funktionierte. Ein Einchecken ohne lästige Warteschlangen bei etwa 1500 angereisten Aktionären, das stimmte die Teilnehmer schon von vorn herein positiv.

Aktien à la carte

„Transponderschleuse"

Aktien à la carte

Auf meinem Hinweg wunderte ich mich schon über die diesmal vorzügliche Zusatzausschilderung in Mannheim, da war es doch sicherlich hilfreich, dass der Oberbürgermeister der Stadt Mannheim selbst Aufsichtsratsvorsitzender des Unternehmens ist.

*Beginn der **Hauptversammlung** 10.00 Uhr,*

schon ab 8.30 Uhr konnte man einchecken.
Garderobe: kostenlos
Zusätzliche Naturaldividende mit Bon: zwei süße Taler einer Mannheimer Konditorei im Geschenkkarton mit Wahrzeichen der Stadt.

*Ausgestattet mit einem ebenfalls nicht nur sehr schön verpackten Geschäftsbericht konnte man jetzt das **Frühstück** genießen mit:*

Kaffee, Tee und alkoholfreien Getränken
Granini-Säften
Handobst
Croissants
Plunderteilchen
belegten Brötchen

Aktien à la carte

Aktien à la carte

Nach Besichtigung einer sehr informativen und ansprechenden Ausstellung über die Vorstellung des Unternehmens zur zukünftigen Energiegewinnung der MVV Energie AG konnte man im Mozartsaal einen absolut souveränen Aufsichtsratsvorsitzenden erleben, den Oberbürgermeister der Stadt Mannheim, Gerhard Widder, in einer für den Kleinaktionär ausgesprochen freundlichen und aufmerksamen Atmosphäre. Mit sehr guten Ergebnissen im abgelaufenen Geschäftsjahr erfreute auch der Vorstandssprecher Roland Hartung die anwesenden Aktionäre und Gäste. Übrigens zwei frühere politische Kontrahenten im Kampf um die Position des Oberbürgermeisters. Bei der MVV AG eine gelungene Doppelspitze, anscheinend zwei Pole, die sich nicht abstoßen, sondern ergänzen und sehr gut harmonieren.

Von links: Gerhard Widder, Roland Hartung

Aktien à la carte

Insgesamt eine völlig spannungsfreie Hauptversammlung mit guten Zahlen, einem äußerst positiven Ablauf und viel Lob.

Ab 11.30 Uhr gab es an vier Speisen- und Getränketheken ein warmes Mittagsbüfett mit 2 Gerichten zur Auswahl:

Menü 1
Hühnerfrikassee mit Spargelstückchen und frischen Champignons, Kräuterreis und glacierte Fingermöhrchen

Menü 2
*Cordon Bleu vom Schwein mit buntem Kartoffelsalat
Verschiedene Blechkuchen
Croissants
Kaffee und Tee und alkoholfreie Getränke
Im gesamten Bereich der Foyers im Erdgeschoss wurden Stehtische und einige Sitzgelegenheiten angeboten.*

Aktien à la carte

Bei all dem Vergnügen, jetzt noch ein wichtiges Thema für jeden Aktionär:

Ungeheure Steuern
oder das Steuerungeheuer?

Nun ist in diesem vorliegenden Werk zu vielem etwas geschrieben und geraten worden, aber wahrlich nicht zum wilden Aktienkauf und -verkauf. Aber, wenn Sie das Fieber packt, müssen Sie auch die steuerliche Seite berücksichtigen. Lassen Sie sich trotzdem den Appetit nicht verderben, denn eine Spekulationssteuer auf Naturaldividenden ist mir in unserer Republik noch nicht bekannt geworden, sicherlich könnten sie aber als geldwerter Vorteil angesehen werden. Aber wie bewertet man diese? Die Kontrollen beim Ausgang fehlen und der Personalaufwand wäre für das Finanzamt doch erheblich, obwohl mancher Finanzbeamte vielleicht gern mal eine Hauptversammlung während der Dienstzeit besuchen würde. Gewisse Grauzonen werden wir auch hier immer haben. Man müsste die Aktionäre dann vielleicht vor und nach der Hauptversammlung wegen der verzehrten Naturaldividende wiegen, einen Alkoholtest machen lassen und die Taschen kontrollieren, wegen dem Käse und anderen Köstlichkeiten.

Wer auf der HV viel verzehrt,
hat schnell heraus den Aktienwert.
Würd' am Ende er gewogen,
wär er um seinen Lohn betrogen.
Auch wird die Tasche nicht kontrolliert,
so nimmt er sich ganz ungeniert
alles mit was er kann tragen,
gut gerüstet - weil erfahren.

Sie schmunzeln vielleicht hierüber und winken ab - nicht zu schnell. Bei einer Naturaldividende wie dem schon erwähnten Handy mit Telefonkarte und Guthaben, also einem Wert von mehreren hundert Mark, könnte der Aufwand einer Besteuerung fast schon lohnen, wenn sich einiges summiert. Zum Beispiel hat mir ein Mitaktionär, der wiederum von einem anderen Mitaktionär etwas gehört hat, von einer Schweizer AG erzählt, bei der es doch tatsächlich...

Vielleicht gibt es aber dennoch eine Verordnung darüber, so genau wissen das oft Steuerberater oder Beschäftigte der Finanzverwaltung auch nicht immer auf Abruf.

Spekulationssteuern

Aber mal im Ernst, ob mit vollem oder leerem Magen: Man muss einfach wissen, dass, wenn zwischen Aktienankauf und Aktienverkauf weniger als 365 Tage liegen, die Gewinne aus diesem Aktienverkauf dann zur Versteuerung angemeldet werden müssen, wenn im betreffenden Kalendersteuerjahr alle Gewinne insgesamt aus Spekulationsverkäufen die alte Summe von 1.000,--DM (512,- Euro) überstiegen haben. Halten Sie die Aktien länger als ein Jahr, müssten Sie nichts angeben. Also, wenn Sie Aktien länger als 365 Tage in Ihrem Depot halten, interessiert sich das Finanzamt für den Verkaufserlös derzeit nicht. Verkaufen Sie unter der Frist von einem Jahr, ist immer zu beachten, dass der Gewinn, so er 1.000,--DM (512,- Euro) übersteigt, in der Steuererklärung anzugeben ist. Dann unterliegt der gesamte Betrag der Einkommensteuerpflicht, zuzüglich Solidaritätszuschlag und eventueller Kirchensteuer.

Ein Pfennig, künftig Cent, mehr Gewinn und einen Tag zu früh verkauft, kann hier viel Geld kosten.

Aktionärsfahrt steuerlich

Bei jedem Hauptversammlungsbesuch sollten Sie gleich am Eingang eine Teilnahmebescheinigung erbitten, die es in der Regel an einem Informationsstand im Eingangsbereich gibt. Sie wird normalerweise sofort ausgestellt, oder auch später kostenlos vom Unternehmen zugesandt! Für jeden gefahrenen Kilometer konnte man in der Vergangenheit 58 Pfennige von der Steuer absetzen. Daneben können auch Pauschalbeträge für Verpflegungsmehraufwand geltend gemacht werden .... doch bei der Verpflegung? Belege brauchen Sie aber keine, es sind Pauschalen! Aber das ändert sich ja ständig, auch die Pfennige gibt es nicht mehr, wir haben ja den Euro, und ob sich das bei diesen Mini-Beteiligungen überhaupt lohnt - aber, sammeln kostet ja nichts und wer weiß, vielleicht machen Sie ja noch echt Gewinne! Von einem Pauschalbetrag für Verpflegungsaufwand spreche ich nur am Rande, weil mir „jo im Saarland echt gudd bedient wärre". Dennoch könnten Sie hier bei einer Mindestabwesenheit von 8 Stunden 10,00 DM, bei 14 Stunden 20,00 DM und ab 24 Stunden 46,00 DM pauschal in der Steuererklärung ansetzen.

Am Beispiel eines St. Wendeler Kleinaktionärs würde dies bedeuten, dass er bei 11 Fahrten nach Saarbrücken, bei denen er entweder die Deutsche Bundesbahn benutzt, dann hat er die Quittung der Bahn, oder er selbst mit seinem Auto nach Saarbrücken fährt:

Aktien à la carte

Es sind etwa 45 Kilometer nach Saarbrücken, macht hin und zurück 90 Kilometer mal 58 Pfennige, pro Fahrt zur Hauptversammlung also 52,20 DM Werbungskosten, mal 11 macht 574,20 DM Werbungskosten, alleine nur für die Fahrt. Wie er das später mit seinem Finanzbeamten regelt, ist seine Sache. Aber, wenn Sie bei einem Steuersatz von nur 25 % Werbungskosten von 574,20 DM absetzen könnten, bekämen Sie vom Finanzamt 143,55 DM, umgerechnet rund 74 Euro zurück. Ob sich das lohnt? Pauschal sind übrigens Werbungskosten von insgesamt pro Person 100,- DM im Kalenderjahr im Freistellungsauftrag berücksichtigt, das heißt, erst wenn Ihre Kosten pro Person umgerechnet 100,- DM übersteigen, lohnt der Einzelnachweis.

Es könnte auch noch darauf ankommen, ob das Finanzamt Ihr Aktienengagement als Liebhaberei oder zur Gewinnerzielung wertet, um überhaupt Werbungskosten anzuerkennen.

Aktionärssteuern ANLAGE KSO

Wer Zinsen und Dividenden kassiert, über die Anlage KSO können zu viel gezahlte Steuern zurückgeholt werden.

Nichts ärgert den Bürger mehr, als auf die Zinsen für ihr Erspartes – in der Regel doch schon versteuertes Geld – Steuern zahlen zu müssen. War es früher relativ einfach, Zinsen am Fiskus vorbeizumogeln, mit der Einführung der Zinsabschlagsteuer zum 1. Januar 1993 ist das vorbei. Sobald eine Bank oder Sparkasse Zinsen oder Dividenden auszahlt, ist das Finanzamt mit von der Partie und behält Kapitalertragssteuer ein. Pauschal, das heißt, ohne den Namen des Kunden zu nennen, leitet die Bank das Geld an den Fiskus weiter. Aktionären wurden schon lange 25 Prozent der Dividende als Kapitalertragssteuer an der Quelle einbehalten.

Der Zinsabschlag bei Auszahlung der Kapitalerträge macht aber die Anlage KSO nicht überflüssig. Mit der Abgabe an der Quelle erfüllt der deutsche Steuerzahler seine Pflicht gegenüber dem Fiskus nicht unbedingt, wie es z.B. Österreicher mit einer Zinsabgeltungssteuer tun. Viele Steuerexperten forderten dies auch für Deutschland.

Jeder Steuerpflichtige hierzulande muss das Formular KSO ausfüllen, wenn seine Zinseinkünfte den Freibetrag von 3100 DM für Ledige überschreiten, bei Verheirateten bleiben gemeinsam 6200 DM frei. Liegen die Kapitaleinkünfte darüber, werden sie mit dem individuellen Steuersatz versteuert, der sich aus dem insgesamt zu versteuernden Einkommen ergibt. Die einbehaltene Zinsabschlagsteuer wird dann lediglich als Steuervorauszahlung angesehen, die mit der Einkommensteuerschuld später verrechnet wird.

Für Anleger, die unter den jeweiligen Freibeträgen bleiben, kann es sich auch lohnen die Anlage KSO auszufüllen, vor allem, wenn versäumt wurde der Bank rechtzeitig einen Freistellungsauftrag zu erteilen, weil sich Banken auch schon mal weigern, nachträglich einen einbehaltenen Zinsabschlag auszuzahlen. Mit dem Freistellungsauftrag vermeiden Sie, dass die Bank Zinsabschlagsteuern einbehält. Zinsen und Dividenden werden in dem Fall abzugsfrei ausgezahlt. Der Freibetrag kann mit mehreren Freistellungsaufträge auf verschiedene Banken oder Sparkassen verteilt werden, bei der Zusammenrechnung ist der Höchstbetrag zu beachten.

Sind Freistellungsaufträge erteilt, können bis zu den Freibeträgen, Ledige 3100 DM (1550 Euro), Verheiratete 6200 DM

(3100 Euro), Zinsen und Dividenden steuerfrei kassiert werden. Zu Jahresbeginn sollte jedoch stets geprüft werden, ob die Freistellungsaufträge insgesamt ausreichen, aber auf keinen Fall zu hoch dotiert sind, sonst ist nicht nur mit Nachfragen zu rechnen.
Und die Werbungskosten nicht vergessen.
Die eine Hauptversammlung besuchenden Aktionäre überschreiten meist die Werbungskostenpauschale von 100 DM (51 Euro) für Ledige bzw. 200 DM (102 Euro) für Verheiratete, die im Freistellungsauftrag berücksichtigt ist.
Für Steuerpflichtige ohne Einkünfte aus selbständiger oder nicht selbständiger Arbeit, aber mit Kapitaleinkünften, kann sich eine Nicht-Veranlagungsbescheinigung lohnen. Arbeitslose, Studenten oder Rentner bewahren sich möglicherweise auf diese Art und Weise sogar mehr als die Freibeträge von 3100 DM oder 6200 DM.

Halbeinkünfteverfahren

Für den Anleger gilt faktisch ab dem Jahre 2002 nach dem ab 2001 geltenden Halbeinkünfteverfahren, das Einkünfte aus bestimmten Dividenden und Spekulationsgewinnen nur noch zur Hälfte besteuert werden. Zu beachten ist dabei, dass dies für Dividenden deutscher Aktiengesellschaften erstmals für das Geschäftsjahr 2001 mit Zufluss der Dividenden im Jahre 2002 gilt.
Dividenden ausländischer Aktiengesellschaften fallen schon ab 2001, ebenfalls wie Spekulationsgewinne, hierunter, wenn sie aus Aktiengeschäften stammen. Weiterhin der vollen Besteuerung unterliegen z.B. Spekulationen mit Anleihen oder Ter-

mingeschäften. Haben Sie Einkünfte aus einem Investmentfonds, werden diese so behandelt, als würden sie direkt von der zahlenden Gesellschaft bezogen.

Auch Spekulationsgewinne aus Fondsanteilen unterliegen nicht der hälftigen, sondern der vollen Besteuerung mit einjähriger Frist. In 2001 nur zur Hälfte herangezogene Spekulationsgewinne aus Auslandsaktien können mit eventuell vorhandenen Spekulationsverlusten aus deutschen Aktien in 2001 verrechnet werden.

Für den Anleger entfällt mit der Einführung des Halbeinkünfteverfahrens - beginnend mit Gewinnausschüttungen aus Aktien für das Jahr 2001 - die Steuergutschrift! Für Aktionäre mit geringen Dividendeneinnahmen bedeutet diese Regelung ein Rückschritt.

www.aktien-a-la-carte.de

Aktien à la carte

Geldwäsche

In diesem Buch werden ja keine schwindelerregenden Aktienkäufe empfohlen, wenn Sie dennoch mit größeren Summen nicht nur bei Aktiengeschäften hantieren, hier die wichtigsten Bestimmungen über das Geldwäschegesetz.

Kaufen oder verkaufen Sie Aktien über dem Gegenwert von 15.000 Euro, dann werden Sie automatisch nach dem Geldwäschegesetz dann registriert, wenn Sie dieses Geld einzahlen oder wenn es Ihnen ausgezahlt wird.

15.000 Euro ist keine magische Grenze

Oder: Wo dem Bargeld das Lachen vergeht!

Ab 15.000,-- Euro und mehr, aber auch schon mit weniger, kommen Sie heute bei einem Grenzübertritt, in Banken oder sonstwo in die Verlegenheit einer Registrierung.

Daher gilt: 15.000 Euro ist keineswegs eine beruhigende Zahl!

Bankensituation: Die Lage ist differenziert zu sehen! Die Identifizierungspflicht der Banken beginnt bei 15.000 Euro, aber auch hier gilt: nicht erst ab da, sondern schon weit darunter (weniger kann deshalb auch schon zu viel sein) kann ein Bankangestellter bei einem Verdacht Meldungen vornehmen, also bleiben Sie vornehm. Wenn Sie z.B. effektive Aktienurkunden, die diesen Wert erreichen, in Ihr Depot einliefern wollen oder das Bargeld, das zum Ankauf der Aktien dienen soll, einzahlen wollen, gilt das Gleiche.

Auto An- und Verkauf? Das Gleiche gilt übrigens auch beim Bargeschäft beim Händler um die Ecke, wenn der „Gebrauchte" z.B. ab 15.000,- Euro kostet, was die wenigsten wissen.

Dollar, Pfund und Schweizer Franken?

Haben Sie beispielsweise Fremdwährungen, gilt ebenfalls die Grenze von 15.000,- Euro, wenn die Abwicklung über Ihr Konto läuft.

Drastisch nach unten geht es, wenn die Abwicklung nicht über Ihr Konto, sondern bar laufen soll. Dann sollten Sie außer Ihrer Urlaubswährung auch den Personalausweis mit zur Bank nehmen, ohne den läuft ab hier gar nichts mehr! Denn: Bei Schweizer Franken, Dollar, Pfund und anderen Devisen beginnt die Registriergrenze bereits ab 2.500 Euro.

Noch DM zu Hause? Dann bleibt jetzt nur noch der Weg zu den Landeszentralbanken, im Saarland in Saarbrücken und Saarlouis. (Auch zu finden auf der Internetseite unter www.bundesbank.de, Cluster „Die Bundesbank", dann unter „Adresse von Bundesbank und Landeszentralbank", danach Rheinland Pfalz/Saarland auf der abgebildeten Landkarte oder ein anderes Bundesland anklicken). Ihren Personalausweis sollten Sie auch dort immer parat haben. Die Registrierung beginnt in jedem Falle ab 5.000,- DM, kann aber auch schon bei geringeren Beträgen erfolgen, je nach Ermessen. Denn Sie wissen ja, so wie Sie aussehen, werden Sie auch angesehen.

Die Region als Grenzland

„Financial Action Task Force", so nennt man sie, die von den G7- Staaten eingerichtete Arbeitsgruppe, auf deren Empfehlung seit 1998 Bargeldkontrollen durchgeführt werden. Mit diesen Maßnahmen sollen Gewinne aus schweren Straftaten aufgespürt und die organisierte Kriminalität bekämpft werden. Durchgeführt werden sie gemeinsam durch Zoll und Bundesgrenzschutz, um das „körperliche Verbringen" von

Gewinnen aus Straftaten aufzuspüren. Nach dem Wegfall der Binnengrenzen wurden „Mobile Kontrollgruppen" eingerichtet, die auch im Inland, fern jeder Grenze, Pkw's und andere Fahrzeuge anhalten können, um Personen, Gepäck und Ladung zu überprüfen. Dabei übernimmt der Bundesgrenzschutz Aufgaben der Zollbeamten und umgekehrt, deswegen hat man es entweder mit den einen oder den anderen zu tun, außer an Flughäfen, wo es beide gibt. In Bayern übernimmt die Aufgabe die Landespolizei.

Zahlungsmittel ist nicht nur Bargeld!
Auch z.B. Wertpapiere zählen wie Bargeld.
Bargeldkontrollen werden durch diese Maßnahmen ergänzend zu dem bereits länger bestehenden Geldwäschegesetz durchgeführt, da bisher nur die Einschleusung illegaler Gewinne über Finanz- und Kreditinstitute erfasst wurde. 15.000,- Euro, ab diesem Betrag ist man verpflichtet, auf Verlangen eines Zoll- oder Grenzschutzbeamten mitgeführtes Bargeld und andere Zahlungsmittel anzugeben.
Auch die echte Rolex zeigt nicht nur, was die Stunde geschlagen hat. Anzugebende Zahlungsmittel, wenn der Gesamtwert 15.000 Euro übersteigt, sind auch Wechsel, Wertpapiere, Aktien, Schecks, Edelmetalle und Schmuck, auch die echte Rolex, so sie über den Eigenbedarf hinausgehen, was letztlich im Ermessen des Beamten liegt. Und da kann echt, aber nur eben das Echte, zusammengerechnet werden. Und sollten Sie gefragt werden, ob Sie..., dann sollten Sie auf der Hut sein. Spätestens ab hier sind nur noch ehrliche Antworten gefragt, sonst wartet möglicherweise schon das „Rollkommando"! Geben Sie die Zahlungsmittel und Wertgegenstände auf Befragen an, müssen Sie darlegen, woher sie stammen, was

Sie damit vorhaben und wer darüber verfügen darf. Geben Sie auf Befragen diese Werte nicht an, und bei einer anschließend durchgeführten Durchsuchung werden trotzdem Zahlungsmittel und Wertgegenstände in der Größenordnung über 15.000 Euro gefunden, begehen Sie eine Ordnungswidrigkeit, die mit hohen Geldbußen belegt wird - das reicht von 25 % bis zur gesamten Höhe des nicht angemeldeten Betrages. Im Ermessen des Beamten liegt es, ob er Ihren Angaben zu den mitgeführten Werten glaubt oder nicht. Sollten sich Anhaltspunkte für Geldwäsche ergeben, werden Zahlungsmittel einbehalten. Erhärten weitere Ermittlungen des Zollfahndungsdienstes diesen Verdacht, wird ein Strafverfahren eingeleitet. Zudem gehen Meldungen an Ihr Wohnortfinanzamt, das wiederum überprüfen kann, ob die Werte aus versteuerten Einkünften stammen.

Clearing-Stelle

Man munkelt sich zu, dass es eine so genannte Clearing-Stelle gibt, bei der Personen erfasst werden können, die auch geringere Beträge mit sich führen. Über Personen, die irgendwie verdächtig sind, weil sie zum Beispiel häufiger mit kleineren Beträgen die Grenze überschreiten, können hier Anhaltspunkte gesammelt und weiter geleitet werden, was wiederum im Ermessen des Beamten liegt, so sagt man. Mit möglichen unangenehmen Folgen. Es könnte ja auch verdächtig sein, wenn jede Person, Oma und Tante noch dabei, 14.900 Euro mit sich führen, aber gut, wenn man es erklären kann!
Vorsicht: Auch hier hat man das Zusammenrechnen nicht verlernt!

Die Leitt schwätze jo vill, es is awwer aach vill wohr!

Aktien à la carte

Das letzte Ma(h)l • Squeeze out
Die Henkersmahlzeit?

Eines soll hier nicht verschwiegen werden: Alles kann auch mal ein Ende haben, so auch jedes gute Essen auf einer Hauptversammlung. Es könnte passieren, dass man uns zukünftig bei einigen Gesellschaften nicht mehr bewirten möchte und lieber alleine isst. Das würden wir sehr bedauern, aber nach einer neuen Gesetzgebung wird das zukünftig möglich werden durch

Squeeze-out.

Weihnachten 2001, genauer gesagt zwei Tage vor Heiligabend, wurde das vom Bundestag verabschiedete und vom Bundesrat gebilligte neue Gesetz nach Unterzeichnung durch

den Bundespräsidenten bekannt gemacht. Eine „schöne" Bescherung für Kleinaktionäre und Aktiengesellschaften! Für viele betroffene Unternehmen eine wirklich schöne Bescherung, wie man sie sich zu Weihnachten wünscht, die mit großer Freude aufgenommen wurde. Für uns Kleinaktionäre eine schöne Bescherung im anderen Sinne, so als würde man irgendwo Hausverbot bekommen, obwohl man nichts angestellt hat, denn zukünftig kann man uns unter bestimmten Voraussetzungen mit einer Abfindung abspeisen und vor die Tür setzen. Das ist ein Anschlag auf Kleinaktionäre durch die Regierung. Das Gesetz zur Regelung von öffentlichen Angeboten zum Erwerb von Wertpapieren und von Unternehmensübernahmen sieht in § 327a einen Ausschluss von Minderheitsaktionären gegen Gewährung einer angemessenen Entschädigung vor.

Die Höhe der Abfindung soll von dem Hauptaktionär festgelegt werden. Die betroffenen Kleinaktionäre sollen lediglich über den gerichtlichen Weg ein Nachprüfungsrecht über die Höhe der Abfindung erhalten. Bisher gab es einen Zwang zur Abgabe von Aktien im deutschen Recht nicht. Der Hauptaktionär muss, um die neuen Rechte in Anspruch nehmen zu können, mindestens 95 % des Aktienkapitals auf sich vereinigen. So weit - so schlecht. Wenn schon ein solches Gesetz, warum dann nicht wenigstens gleiches Recht für alle? Warum kann bei gleichen Verhältnissen nicht auch den Kleinaktionären zugestanden werden, von der dominierenden Aktiengesellschaft ihren Ausschluss gegen Abfindung verlangen zu können? Durch dieses, nach meiner Meinung sozial unausgewogene und gesellschaftspolitisch rückschrittliche Gesetz wird die angeblich politisch gewollte Beteiligung breiter Bevölkerungskreise am Aktienkapital durch eine legalisierte Enteignung hintertrieben. Der Gesetzgeber hat sich damit Kreisen aus der Wirtschaft angeschlossen, die das Herausdrängen oder –quetschen (Squeeze-out) von Klein-Aktionären als neues Rechtsinstitut damit begründet, dass es ökonomisch keinen Sinn mache, sehr kleine Minderheiten in Aktiengesellschaften zu belassen. Ihre Beteiligung stelle einen kostspieligen Zusatzaufwand dar. Kleinstbeteiligungen würden oftmals missbraucht, um den Mehrheitsaktionär bei der Unternehmensführung zu behindern und zu finanziellen Zugeständnissen zu veranlassen.

Dieser Beschluss kann aus gesetzlichen Gründen jedoch nur auf einer Hauptversammlung gefasst werden.

Also gehen wir noch mal hin, aber diesmal nach dem Motto: „Das letzte Ma(h)l".

Der Weg zur AG

Der Weg zur Hauptversammlung bedarf einer AG

Damit es Aktien à la carte überhaupt gibt, sie also auf der Speisekarte stehen können, muss es Unternehmen geben, die sich Aktiengesellschaft nennen. Wie wird man eine solche? Bisher wurde ausführlich die Frage erörtert, wie und wo man Aktien kaufen kann, aber noch nicht, wo die Aktien überhaupt herkommen, wie es zur Ausgabe von Aktien kommt, was in jedem Falle also vor einer Hauptversammlung steht. Auch ausgehend von der Tatsache, dass Aktienbesitzer manchmal selbst Unternehmer sind oder werden wollen oder Gesellschaftsanteile besitzen und auch dieses Buch lesen, wird man vielleicht durch das folgende Kapitel angeregt, selbst eine eigene AG zu gründen, um dann vielleicht auf Kosten der Aktionäre zu essen und zu trinken. Deshalb ist in diesem Werk der Weg zur AG aufgenommen worden. Auf den folgenden Seiten wird in einem Leitfaden der Weg der Umwandlung einer GmbH in eine Aktiengesellschaft aufgezeigt, damit sich auch für diese Leser die Investition in dieses Werk gelohnt hat und zukünftig die Anzahl und Auswahl der Hauptversammlungen noch größer wird.

Mehr als ein Leitfaden würde den Inhalt des Buches sprengen, trotzdem ist das Wichtigste zu diesem Thema nachfolgend einfach und verständlich dargestellt, damit Ihnen nicht etwas Ähnliches geschieht, wie nachfolgend geschildert.

GmbH - AG: Umwandlung mit Hindernissen

Bei der Umwandlung der GmbH in eine AG mit anschließendem Börsengang ist neben dem Faktor Zeit die Beratung ein ganz wesentlicher Bestandteil. Leider musste ich selbst erleben, dass eine beabsichtigte Umwandlung einer erfolgreichen, innovativen GmbH in eine AG gescheitert ist und viele Scherben hinterlassen hat.

Mehr durch Zufall wurde ich zu einem Gespräch in ein schönes, renoviertes Bauernhaus gebeten, in dem eine äußerst motivierte Mannschaft eine florierende GmbH betrieb. Man war guter Dinge, merkte jedoch nicht, dass man auf dem Weg der Umwandlung dieser GmbH in eine AG bereits in einer Sackgasse gelandet war. Das Wissen und die Koordination der Kenntnisse der einzelnen beteiligten Fachleute war von Anfang an nicht ausreichend. Der Rechtsanwalt kannte seine Gesetze, Kommentare, höchstrichterlichen Entscheidungen und Verordnungen; der Steuerberater für seinen Bereich das Gleiche, der Bankenvertreter ebenso. Und noch einige Berater mehr standen mit Rat und Tat zur Seite. Nur eine Koordination der einzelnen Bereiche gab es nicht. Von den Gesamterfordernissen einer Umwandlung und der dafür unbedingt einzuhaltenden Zeitachse gab es keinen sinnvollen, an der Wirklichkeit orientierten Fahrplan. Leider waren viele Entscheidungen schon getroffen.

Bereits angelaufene, teure Kampagnen mussten nach spürbarem Widerstand zurückgezogen werden, wertvolle Zeit und Vertrauen bei interessierten Anlegern wurde durch dilettantische, vermeidbare Fehler verspielt. Die Hilfe kam leider zu spät, die bereits gemachten Fehler waren nicht mehr rückgängig zu machen.

So kam es, wie es kommen musste: aus dem geplanten Börsengang wurde nichts. Gelder, Positionen und Illusionen wurden zerstört, der geplante Börsengang der GmbH mit viel Aufwand „verschoben", vielleicht aber auch für immer begraben.

Aktien à la carte

Von der GmbH zur AG

In diesem Kapitel werden die Vorteile einer GmbH-Umwandlung in eine AG, die dabei etwa entstehenden Kosten und für wen dieses Thema interessant sein könnte, beschrieben.
Hier findet man auch einen kompletten Leitfaden, der den Weg für Unternehmer von einer GmbH zur Aktiengesellschaft aufzeigt und beschreibt. Die Umwandlung einer GmbH in eine AG könnte für viele Unternehmen gerade in konjunkturell und wettbewerbsmäßig schwierigen Zeiten, die jedes Unternehmen vor eine Bewährungsprobe stellen, eine überlegenswerte Alternative sein. Meistens denkt man bei dem Begriff „Aktiengesellschaft" an große Gesellschaften, mit vielen Kleinaktionären und riesigen Hauptversammlungen, die eben solche Schlagzeilen machen. Aber mit einer Gesetzesnovelle 1994 zur Einführung der „kleinen Aktiengesellschaft" ist es auch für kleine Unternehmen interessant, leichter und billiger geworden, eine Umfirmierung zur Aktiengesellschaft durchzuführen.

Ausreichendes Risikokapital für die Neugründung, Expansion oder zur Überbrückung der Anfangszeit einer Unternehmensgründung ist oft nur über die Gründung einer AG zu beschaffen, weil immer mehr Banken dieses Wagnis nicht mehr tragen wollen oder können und keine Kredite mehr geben. Auch um kurzfristig Kapital zu bekommen, bietet sich die Aktiengesellschaft an.
Eine GmbH kann im Wege der Gesamtrechtsnachfolge formwechselnd in eine Aktiengesellschaft nach den Vorschriften des Umwandlungsgesetzes (UmwG) umgewandelt werden.

Aktien à la carte

Interessant könnte dieses Thema z.B. werden, wenn
- Sie ein junges, innovatives Unternehmen haben, eine Menge Ideen, aber wenig Kapital,
- Risikokapital benötigt wird und Banken nicht bereit sind, Ihre noch nicht am Markt etablierten Produkte oder Ideen mit Krediten zu finanzieren,
- Sie, aus welchem Grund auch immer, Kapital, also eine solide Kapitaldecke, benötigen
- Sie sich mit Produkten oder Dienstleistungen beschäftigen, mit denen Sie zunächst eine Durststrecke überstehen müssen, um sich am Markt zu behaupten,
- Sie Ihr Unternehmen finanziell besser absichern möchten gegen konjunkturelle und wettbewerbsmäßige Einflüsse,
- Sie expandieren möchten,
- Ihre Eigenkapitaldecke etwas schwach (geworden) ist,
- Ihr Ausmaß an Verschuldung kritisch zu werden droht,
- Sie Ihr persönliches Risiko reduzieren und lieber breiter streuen möchten,
- Sie Mitarbeiter am Unternehmen beteiligen und damit mehr motivieren möchten,
- Sie Kunden intensiver an Ihr Unternehmen binden möchten,
- Sie häufiger in den Medien erscheinen und damit Ihr Unternehmen bekannter machen möchten,
- Ihre persönliche Nachfolgeregelung unklar ist,
- Sie persönlich beim Ausscheiden aus der Unternehmensführung ein Mitspracherecht, evtl. durch Mehrheitsbeteiligung, behalten wollen, und Sie sich eine finanzielle Versorgung durch Aktien sichern wollen.

Auch in konjunkturell oder branchenspezifisch schwierigen Zeiten können Aktiengesellschaften dem Einfluss und dem

Druck kreditgebender Banken wesentlich besser standhalten. Der Weg zur AG ist heute normalerweise auch keine Kostenfrage mehr, weil viele Bedingungen zur Gründung einer kleinen AG vereinfacht wurden, z.B.

– können Sie auch als Einzelperson eine AG gründen,
– müssen Sie die Einladung zur Hauptversammlung nicht mehr im Bundesanzeiger veröffentlichen, ein Einschreiben genügt,
– benötigen Sie während der Hauptversammlung nicht mehr unbedingt einen Notar,
– kann der Druck von Aktienurkunden entfallen.

Die mit der Gründung einer AG verbundenen möglichen Kosten sind absolut überschaubar, z.B. kostet

– die nach § 1 VerProspG notwendige Ausfertigung eines Verkaufsprospektes ca. 5000 Euro,
– der Druck streifbandverwahrter Urkunden ca. 1800 Euro
– Aufnahme im Nachrichtendienst Reuters ca. 200 Euro p.M.
– die Aufnahme in Tai Pan, Videotext und Fachzeitschriften ca. 1250 Euro jährlich
– der Aktionärsbriefservice ab ca. 500 Euro
– Internetservice ab ca. 1800 Euro
– Kosten für Notar, Gericht und Veröffentlichungen bei Neu- oder Umfirmierung ca. 2500 Euro.

Die hier gemachten Angaben der möglichen Kosten sind völlig unverbindlich und können von den tatsächlichen Zahlen abweichen. Sie dienen hier nur dazu, einen ungefähren Überblick zu geben.

Eine Grundvoraussetzung für den Formwechsel einer GmbH in eine AG ist, dass das Eigenkapital der GmbH (Stammkapital und Rücklagen) mindestens 50.000 Euro beträgt, weil das Grundkapital einer Aktiengesellschaft nach dem AG-Gesetz mindestens so hoch, also 50.000 Euro sein muss. Das Vermögen der GmbH darf nach Abzug der Schulden nicht niedriger sein als das Grundkapital der zukünftigen AG, deshalb muss das Stammkapital der GmbH erhöht werden, wenn es unter dem für die Umwandlung zur AG notwendigen Grundkapital von 50.000 Euro liegt.

Was ansonsten erforderlich ist, um eine GmbH in eine AG umzufirmieren, wird hier in einem übersichtlichen Leitfaden dargestellt.

Wenn kein notariell beurkundeter Verzicht aller Gesellschafter vorliegt:

- Erstellung eines Umwandlungsberichtes mit einem Entwurf des Umwandlungsbeschlusses und eines evtl. Barabfindungsangebotes
- ist ein Betriebsrat vorhanden, muss dieser den Entwurf des Umwandlungsbeschlusses mindestens einen Monat vor dem Termin der Gesellschafterversammlung, die über den Formwechsel entscheidet, erhalten
- Einberufung einer Gesellschafterversammlung nach entsprechenden Bestimmungen der Satzung und des GmbH-Gesetzes.

Beschlussfassung über die Umwandlung der GmbH mit normalerweise mindestens 75% der anwesenden Stimmen in der Gesellschafterversammlung, es sei denn, der Gesellschaftervertrag sieht eine höhere Zustimmung und andere Bedingungen vor.

- Notarielle Beurkundung der Beschlussfassung,
- der Name der Firma kann beibehalten werden,
- Regelung des zukünftigen Anteilsbesitzes der Gesellschafter,
- Ausarbeitung einer Satzung der zukünftigen AG,

- Einsetzen eines Aufsichtsrates,
- Bestellung eines Abschlussprüfers,
- Einsetzen des Vorstandes durch den Aufsichtsrat,
- Gründungsbericht über den Formwechsel der Gesellschaft, zu erstellen von jedem Gesellschafter, der dem Formwechsel zugestimmt hat und jetzt als Gründer gilt,
- Bericht von Vorstand und Aufsichtsrat über die Gründung der Gesellschaft,
- Prüfung durch einen vom Registergericht bestellten Prüfer nach Anhörung der IHK,
- Anmeldung und Eintragung der Umwandlung in das Handelsregister, in dem die GmbH eingetragen ist, und der bestellten Vorstandsmitglieder der AG.

Aus der GmbH wird mit der Eintragung der Umwandlung in das Handelsregister eine AG.

Im Folgenden nun eine genauere Erläuterung zu den einzelnen Schritten auf dem Weg zur Umwandlung zur AG:

Der Umwandlungsbeschluss

Wenn kein notariell beurkundeter Verzicht aller Gesellschafter vorliegt, ist ein vollständiger Entwurf eines Umwandlungsbeschlusses auszuarbeiten. Er muss die Rechtsform beschreiben, die die GmbH zukünftig erhalten soll, also die Aktiengesellschaft. Die zukünftige Beteiligung aller Gesellschafter der bisherigen AG muss hierin geregelt sein, wobei die Vorschriften einer AG gelten, es sei denn, die zukünftige Beteiligung wird durch andere Bestimmungen ausgeschlossen. Die Fragen müssen geklärt und beantwortet sein, welche Gesellschafter in welchem Umfang nach dem Formwechsel anstelle ihrer bisherigen GmbH - Anteile Aktien erhalten. Die Anzahl der Aktien, die Art und der Umfang müssen beschrieben und festgelegt werden. Hier muss auch festgelegt werden, welche Aktiengattung die zukünftige AG herausgibt. Es können Nennbetrags- oder, seit noch nicht so langer Zeit, Stückaktien herausgegeben werden. Der Nennbetrag muss dabei nicht identisch sein mit dem Nennbetrag der GmbH-Anteile. Die Rechte und alle anderen Regelungen für die Gesellschafter und Inhaber bisheriger Rechte müssen hier geregelt sein, wenn es zur Umwandlung kommt. In dem Entwurf des Umwandlungsbeschlusses muss ein vollständiger Entwurf der Satzung der zukünftigen AG enthalten sein, mit beispielsweise der Art der Aktien, die die zukünftige AG herausgibt, der Höhe des Grundkapitals der Gesellschaft, Name, Sitz und Zweck der Gesellschaft, wobei der Name der bisherigen Gesellschaft beibehalten werden kann, erforderliche Mehrheiten, Veranstaltungsort der zukünftigen Hauptversammlungen und so weiter. Weiter muss er die Auswirkungen des Formwechsels auf die Arbeitnehmer und ihre Vertretungen und alle vorgesehenen Maßnahmen, die sich daraus ergeben, beinhalten. Die Bestellung des Aufsichtsrates nach §§ 95 ff des Aktiengesetzes und ggf. eines Abschlussprüfers sind hierin zu regeln. In diesem Umwandlungsbeschluss muss dann ein Barabfindungsangebot geregelt sein, wenn an der GmbH nicht nur ein Gesellschafter beteiligt ist, oder wenn der Beschluss zur Umwandlung nicht von allen, sondern nur von einer Mehrheit der Gesellschafter gefasst werden muss, und wenn nicht alle Gesellschafter darauf verzichten, (h. M.) was der notariellen Beurkundung bedarf. Hierzu genügt die Verzichtserklärung im Umwandlungsbeschluss, sie muss nicht schon vorher abgegeben werden. Ein Recht auf Barabfindung haben alle Gesellschafter, die aus rechtlich unhaltbaren Gründen nicht zur Gesellschafterversammlung zugelassen wurden, die Einberufung dieser Versammlung nicht ordnungsgemäß erfolgte oder der Gegenstand der Beschlussfassung nicht ordnungsgemäß bekannt gemacht wurde. Haben Gesellschafter gegen den Umwandlungsbeschluss Widerspruch zur Niederschrift erklärt, muss die GmbH die Übernahme der Anteile des Gesellschafters, das heißt der späteren Aktien, gegen eine angemessene Barabfindung anbieten.

Grundlage für die Barabfindung sind die wirtschaftlichen Verhältnisse der GmbH zum Zeitpunkt der Beschlussfassung über den Formwechsel. Die Angemessenheit der Barabfindung ergibt sich aus dem durch einen Prüfer zu kontrollierenden, normalerweise nach der Ertragswertmethode festzustellenden wirtschaftlichen Wert, auf dessen vollen Ausgleich der betroffene Gesellschafter Anspruch hat. Nur wenn dieser oder diese betroffenen Gesellschafter auf einen Prüfer verzichten in notariell zu beurkundender Form, kann diese zusätzliche Maßnahme zur Feststellung der Abfindungshöhe unterbleiben, ansonsten muss sie so durchgeführt werden.

Die Frist für die Annahme des Barabfindungsangebotes beläuft sich auf zwei Monate nach Bekanntmachung des Formwechsels. Mit der Eintragung des Formwechsels in das Handelsregister, also mit der tatsächlich wirksam werdenden Umwandlung der GmbH in eine AG, wird der Barabfindungsanspruch fällig. Ab diesem Zeitpunkt bestehen die Ansprüche der abzufindenden Gesellschafter gegenüber der AG und verzinsen sich mit zwei Prozent über dem jeweiligem Diskontsatz der Deutschen Bundesbank.

Der Umwandlungsbericht

Auch hier kann, wenn ein notariell beurkundeter Verzicht aller Gesellschafter vorliegt, auf die Erstellung verzichtet werden. Dieser Verzicht kann auch in der diese Umwandlung beschließenden Gesellschafterversammlung erklärt und notariell beurkundet werden. Zusätzlich kann darauf verzichtet werden, wenn es nur einen einzigen Gesellschafter gibt. Ansonsten ist von den Geschäftsführern der GmbH ein schriftlicher Umwandlungsbeschluss zu erstellen. In diesem ausführlichen Bericht müssen die rechtlichen und wirtschaftlichen Folgen des Formwechsels und die künftigen Beteiligungsverhältnisse der Anteilseigner in der AG dargestellt und begründet werden. Außerdem muss er den Entwurf des Umwandlungsbeschlusses enthalten, nicht enthalten muss er eine Vermögensaufstellung, in der Gegenstände und Verbindlichkeiten mit dem tatsächlichen Wert zum Zeitpunkt der Berichterstellung anzusetzen wären.

Die Gesellschafterversammlung

Bei Zustimmung aller Gesellschafter ist die Wahrung von Form- und Fristvorschriften nicht notwendig, wenn die Gesellschafterversammlung als Vollversammlung abgehalten wird. Die Ladung zu der Gesellschafterversammlung, die über den Formwechsel der GmbH zur AG beschließen soll, erfolgt nach den Bestimmungen der Satzung der GmbH und des GmbH -

Gesetzes. Mit übersandt werden müssen, wenn nicht darauf verzichtet wurde oder sicher darauf verzichtet wird, der Umwandlungsbericht mit dem Entwurf des Umwandlungsbeschlusses und das Barabfindungsangebot, wenn nicht, wie bei den einzelnen Punkten beschrieben, ein notariell beurkundeter Verzicht aller Gesellschafter festgehalten wurde oder wird, oder es sich nur um einen einzelnen Gesellschafter handelt. Darüber hinaus kann die Übersendung des Barabfindungsangebotes entfallen, wenn dieses im Bundesanzeiger oder einem Bekanntmachungsorgan, das im Gesellschaftsvertrag bestimmt ist, veröffentlicht wurde. Ebenfalls keine Vorab-Mitteilung muss erfolgen, wenn (nach h. M.) sicher ist, dass auch hier in der Gesellschafterversammlung alle Gesellschafter auf die Abgabe eines Abfindungsangebotes verzichten. Wurde ein Umwandlungsbericht erstellt, ist dieser in der Gesellschafterversammlung auszulegen.

Zur Beschlussfassung über einen Formwechsel einer GmbH in eine AG ist die Einberufung einer Gesellschafterversammlung notwendig. Hier müssen die Gesellschafter der bisherigen GmbH einen Umwandlungsbeschluss fassen, ein schriftliches Beschlussverfahren ist nicht möglich. Gesellschafter müssen nicht persönlich an der Versammlung teilnehmen, sie können sich durch Erteilen einer schriftlichen Vollmacht vertreten lassen. Einzelne Gesellschafter müssen immer dann zustimmen, wenn die Abtretung von Gesellschaftsanteilen von ihnen genehmigt werden müssen. Wenn der Gesellschaftsvertrag keine anderen Bedingungen und keine höhere Zustimmungsquote vorsieht, muss der Umwandlungsbeschluss mit einer Mehrheit von 75% der anwesenden Stimmen in der Gesellschafterversammlung gefasst werden.

Aktienrechtliche Gründungsvorschriften

Mit der Ausnahme bezüglich Bildung und Zusammensetzung des ersten Aufsichtsrates gelten bei Formwechsel der Gesellschaft die Bestimmungen der für die Gründung einer AG geltenden Vorschriften.

Ein so genannter Gründungsbericht ist von allen Gesellschaftern zu erstellen, die dem Formwechsel zugestimmt haben und damit als Gründer gelten. In diesem schriftlich zu erstellenden Gründungsbericht ist der Verlauf des Formwechsels zu beschreiben. Zusätzlich muss bei einer Umwandlung einer GmbH zur AG, zu den für die Gründung einer AG bestehenden Gründungsvorschriften, eine Darstellung der Verhältnisse und des bisherigen Geschäftsverlaufs der formwechselnden GmbH erfolgen. Der Aufsichtsrat und der von ihm bestellte Vorstand haben die Gründung zu prüfen und einen Bericht darüber zu erstellen, ebenfalls muss ein so genannter Gründungsprüfer, der vom Registergericht nach Anhörung der IHK bestellt wird, eine externe Prüfung durchführen und einen Gründungsprüfungsbericht erstellen. Dieser Gründungsprüfungsbericht muss immer erstellt werden.

Handelsregistereintragung

Der oder die Geschäftsführer der GmbH haben in vertretungsberechtigter Zahl die Eintragung des Formwechsels der Gesellschaft in das Handelsregister anzumelden, ebenso die Eintragung der vom Aufsichtsrat bestellten Vorstandsmitglieder. Die Eintragung ist in das Handelsregister anzumelden, in der die GmbH eingetragen ist. Aus der GmbH wird erst mit der Eintragung in das Handelsregister eine AG, nicht mit der Beantragung. Das heißt, alle Rechtswirkungen werden erst dann wirksam. Durch das Registergericht erfolgt die Bekanntgabe der Eintragung.

Die Zukunft beginnt

Dieses börsenunnotierte Unternehmen kann seine Aktien z.B. über spezielle Organisationen, die sich auf diesen Markt spezialisiert haben, anbieten. Sie werden z.B. in einem so genannten vorbörslichen Markt über Telefonhandel angeboten.
Diese Werte sind für Anleger interessant, die nicht auf eine kurzfristige Investition setzen, stattdessen frühzeitig und günstig Anteile kaufen wollen von eventuell zukunftsträchtigen Unternehmen von morgen. Nicht selten sind diese Werte bei einem späteren Börsengang ein vielfaches ihres ursprünglichen Preises wert. Und das Unternehmen profitiert von risikofreudigen, durchaus mit Verlusten rechnenden Anlegern, die zusätzlich auch durch Kapitalerhöhungen mehr Geld in das Unternehmen bringen können.
Und man sollte nicht die Kosten zum Druck schöner effektiver Aktienurkunden scheuen, man bringt sich und die Aktionäre um ein Erlebnis, wie im Abschnitt „Effektive Stücke" beschrieben. Existiert das Unternehmen vielleicht irgendwann nicht mehr, haben die Aktien meistens immer noch einen Wert, nämlich den Sammlerwert. Vielleicht auch nur den Erinnerungswert an eine interessante Zeit.
Neben einigen Mehraufwendungen, die eine AG mit Aktionären zu tragen hat, gibt es auch zusätzliche Vorteile, die in vielerlei Hinsicht dem Unternehmen zugute kommen können, zum Beispiel durch Kenntnisse, Erfahrungen und Beziehungen

von Bankenberatern, Mitgliedern des Aufsichtsrates und Miteigentümern. Zudem wird das Unternehmen auch viel bekannter, vielleicht wird sogar die ungewöhnliche Hauptversammlung, die nun einmal jährlich abgehalten wird, in einem Buch beschrieben.

Wenn man die vorangegangenen Beschreibungen der Hauptversammlungen gelesen hat, weiß man ja schon, was Aktionäre wünschen und was auf einen zukommt. Ist doch gar nicht so schwierig. Vielleicht hat man sogar Spaß daran, für die Aktionäre, die so viel Vertrauen in das Unternehmen setzen, eine schöne Hauptversammlung auszurichten. Bei einigen Unternehmen hat man wirklich dieses Gefühl und es wird in der Regel auch dankbar angenommen.

Gleichzeitig hat man die Möglichkeit, sich persönlich und das Unternehmen zu präsentieren und Vertrauen in die Arbeit und die Zukunft des Unternehmens zu schaffen.

Beide Seiten können profitieren, die Unternehmensführung von den Kontakten zu Aktionären, die oft über Jahre Erfahrungen gesammelt haben und diese dem Unternehmen zur Verfügung stellen können. Umgekehrt können Aktionäre mit ihren Anteilen Geld verdienen und durch den Kontakt zu den Entscheidungsträgern des Unternehmens profitieren, der vielleicht durch ein persönliches Gespräch nachher beim gemeinsamen Anstehen am Büfett sogar zu Lohn und Arbeit führt.

Da zählt eben nicht nur der Lebenslauf, sondern auch der Aktienkauf.

Was nun noch fehlt, ist der Gang an die Börse. Der soll vor allem eines bringen: Eine breite Streuung und mehr Kapital für das Unternehmen durch den Verkauf von Anteilen an Anleger und Investoren zu einem interessanten Preis. Auch dieser Weg wird zu einem späteren Zeitpunkt in einer überarbeiteten Auflage angeboten.

Ein Konzept für die Zukunft könnte die Gründung einer AG auch noch für ganz andere Bereiche bieten, zum Beispiel für die Entwicklung eines ganzen Landes.
Vielleicht liegt darin die Lösung vieler Probleme!

Aktien à la carte

Die Saarland AG

Vielleicht wird ja einmal aus dem ganzen Saarland eine AG. ″Mir sin jo vill gewöhnt″, so oft wie wir hat in Deutschland vermutlich noch keiner das Geld gewechselt. Unser Saarland, Aufsteigerland mit neuen Visionen. Wir gehen ganz neue Wege, gründen die Saarland AG und werden Aktionäre, Mitinhaber und Eigentümer am eigenen Unternehmen Saarland. Die Landesregierung wird zum Vorstand, unser Ministerpräsident Peter Müller der Vorstandsvorsitzende, die jetzigen Minister werden die Vorstände der einzelnen Ressorts und ein Ältestenrat, vielleicht der von der Saarbrücker Zeitung, wird von uns zum Aufsichtsrat gewählt. Die Opposition stellt die Aktionärssprecher, dann können die auf der Hauptversammlung, wie vorher im Landtag, alles kritisieren und hinterfragen, „schwätze könne die jo gudd". Alle verdienen mit und unser großer Tag ist die Hauptversammlung.

Von den Einnahmen durch den Verkauf der Aktien kann der Finanzvorstand wenigstens einen Teil der bestehenden Schulden des Landes tilgen, Dividende brauchen wir keine, dafür aber reichlich Naturaldividenden. Vielleicht auch in Form von Freikarten für alle Einrichtungen und Veranstaltungen, die wir so und so subventionieren, das wäre für unsere kulturelle Bildung gar nicht verkehrt und alle Säle wären gefüllt.

Und wenn das Kapital nicht mehr reicht, die Bundesregierung hat ja schon andere marode Unternehmen, wenigstens vorübergehend, vor dem Bankrott gerettet. Oder wir machen eine Kapitalerhöhung und geben neue Aktien aus. Und wenn es gar nicht mehr geht, verschmerzen wir die paar Mark, ach so Euro, auch noch. Man muss ja nicht so viele Aktien kaufen, dass man gleich selbst bankrott geht.

Von dem Geld, das die Parteien durch den nicht mehr notwendigen Wahlkampf sparen, finanzieren wir eine wunderbare Hauptversammlung, bei der jeder auf seine Kosten kommt. Frei nach dem Motto: „Hauptsach gudd gess". Statt Wahltag machen wir einen Hauptversammlungstag. Und unser Vorstand braucht seine Energie nicht mehr im Wahlkampf zu verschwenden und großzügige Versprechen zu machen, der kann in der Zeit für unser Unternehmen schaffen! Dann wird ein ordentlicher, für jeden verständlicher Geschäftsbericht erstellt, damit wir sehen, wo das Geld hingeht und wo es herkommt. Jeder Aktionär bekommt diesen vor der Hauptversammlung nach Hause zugesandt, statt bunter Wahlkampfbroschüren.

Wir haben doch eine Menge gescheiter Leute im eigenen Land, die haben schon Unternehmen gegründet, geführt und wieder geschlossen (ann die Wand gefahr), oder für sehr viel Geld verkauft. Andere führen sie erfolgreich weiter, haben sogar Bücher darüber geschrieben, dass das gar nicht so schwer sei, verkaufen oder verschenken diese „unn spille dir noch ähner debei". Und dann haben wir noch die anderen, die ausgewandert sind, weil sie im eigenen Land nichts werden konnten und wir lieber die Leute aus dem „Reich" geholt haben, weil die hochdeutsch konnten und uns das schon immer imponiert hat. Dabei können die Saarländer doch so gut zusammen schaffen, weil jeder einen kennt, der einen kennt und vieles dadurch einfacher wird.

Unsere Hauptversammlung würden wir dann im Sommer beim 1.FCS im Stadion veranstallen. Zu Beginn der Hauptversammlung im endlich einmal vollbesetzten Stadion könnte man uns ein Freundschaftsspiel präsentieren, aber nur ein Freundschaftsspiel, da verkraftet man die Niederlagen besser und die Stimmung wird nicht verdorben. Vielleicht bietet man noch ein musikalisches Rahmenprogramm mit einigen unserer hervorragenden Orchester und anderen künstlerische Darbietungen, die Möglichkeiten sind vielfältig. Gegessen wird in der Saarlandhalle - Sponsoren unbedingt erwünscht - geht doch bei anderen Veranstaltungen auch, ist eine Superreklame, kostet die Saarland AG nichts und alle haben etwas davon. Wer mir da gleich alles einfällt - da bleibt keine Kehle trocken, niemand geht hungrig nach Hause, Werbung durch Naturaldividende, ein Angebot besser noch als früher zu ASKO - Zeiten. Vielleicht veranstalten wir gleich noch die Saarmesse mit, wo wir schon mal alle da sind, unglaubliche Besucherzahlen, nicht nur durch Freikarten erreicht, ein Volksfest wie noch nie. Nichts mit Rezession und schlechter Stimmung - hier geht es aufwärts, hier wird konsumiert und investiert, wir wären ja dann bei so vielen Unternehmen beteiligt, da verdienen wir überall mit. Vielleicht wollen danach noch viel mehr Unternehmen zur AG umfirmieren, von den Brauereien über den Herrn der Ringel, Kaufhäuser, Hotels, Gaststätten, Supermärkte, Partyservice und viele andere, was für eine Vorstellung. Der Kunde von heute wird zum Aktionär von morgen und umgekehrt. Ist die Unternehmensnachfolge unklar, die „Junge wolle jo nit unbedingt mehr so vill schaffe wie ihre Alde", gründet man jetzt oder firmiert um in eine AG. Und was die Unternehmen vorher für die Werbung ausgegeben haben, wie die Politiker für ihren Wahlkampf, wird jetzt eingespart und auf der Hauptversammlung für die Naturaldividende verwendet.

Denn, was brauchen wir noch Werbung, wir kaufen jetzt freiwillig bei unseren eigenen Unternehmen.

Also, das Saarland könnte so ein echter Geheimtipp werden. Ein Land mit denselben Schwierigkeiten wie andere, nur „äwe annaschda", ein echtes Aufsteigerland. „Mir komme jo a von ganz unne", wegweisend im Herzen Europas, über und unter Tage, nicht nur wegen der Erschütterungen. „Mir sinn äwe üwerall, owwe un unne, hinne un vorre."

„Hauptsach gudd gess un getrunk!"

Wenn Sie Aktien erworben haben und die Gesellschaften zahlen keine Dividende, schreiben rote Zahlen oder das Schlimmste vom Schlimmen überhaupt nach dem Aktienerwerb tritt ein, wir wollen es nicht hoffen, die Gesellschaft müsste „Konkurs" anmelden, im Aktienbereich heißt das „Aktiengesellschaft in Auflösung" oder kurz i. K., können wir immer noch sagen:

"Hauptsach gudd gess un gedrunk!" Uns droht ja nur der Verlust des Aktienwertes, weil es keine darüber hinaus gehende Haftung eines Aktionärs gibt! Bei den genannten Beteiligungen können Sie leicht überblicken, wie hoch der Gesamtverlust überhaupt sein könnte. Es gibt mit Sicherheit dann keinen der weniger, aber viele, die mehr Aktienanteile verloren hätten, weil weniger als eine Aktie geht nicht. Ich empfehle Ihnen nicht den Erwerb einer großen Beteiligung an einem Unternehmen, das Risiko müssen Sie schon selbst einschätzen. Ebenso, wann und zu welchen Aktienkursen Sie kaufen. Man kann natürlich auch eine Menge Geld gewinnen.

Auf jeden Fall sind Sie, und das können Sie Ihren Nachbarn, Freunden und Verwandten erzählen und das wünsche ich Ihnen, **Aktionär** und somit Mitinhaber eines Unternehmens.

Am Genusswert sich zu laben,
dabei noch in Gewinnen baden
- das ist der Wunsch des Aktionärs -
schön wär's!

Manfred O. Kleins
10 goldene Regeln
für den Gourmetaktionär

1. Amüsieren statt spekulieren
2. Schweinelende statt Dividende
3. Bewirtung statt Bewertung
4. Tiramisu als Shareholder-Value
5. Räucherlachs statt S-Dax, M-Dax, Nemax
6. Gourmetwert statt Kurswert
7. Freibier statt Geldgier
8. Promille statt Prozente
9. Im Resultat, lieber einen guten Kartoffelsalat
10. Hauptsach gudd' gess

Aktien à la carte

Danke, thank you, merci, muchas gracias!

Für ihre Geduld, ihre Beratung, die Fragen, die sie mir stellten oder beantworteten, ihr Wissen, das sie mir bereitwillig zur Verfügung stellten, die Zugänge, die sie mir eröffneten, für den Mut, den sie mir zusprachen, für Ihre Unterstützung und Mitarbeit, für die freundliche Genehmigung der Veröffentlichung von Zitaten, Auszügen, Bildern, Karikaturen, Gedichten und Texten bedanke ich mich insbesondere ganz herzlich bei

Martina Schütz, Saarbrücken; Inge, Waltraud, Alice und Erwin;
K. Kopp, Saarbrücken; Armin Gehl, Zweibrücken;
Dr. Liana Meisel-Gehl, Zweibrücken;
Iris C. Steuer, Riegelsberg; Monika Liegmann, Riegelsberg;
Michael Backfisch, Washington;
Dipl. Kfm. und Journalist Torsten Rott, Saarbrücken;
Joachim Penner, Leiter der Wirtschaftsredaktion
der Saarbrücker Zeitung;
Christian Klemsch, Saarbrücken; Jürgen Jung, Merzig;
Udo Rau, Redakteur, Saarbrücken;
Lothar Wahrscheid, Redakteur, Saarbrücken;
Roland Hartung, Mannheim;
Wiltrud und Prof. und Dipl.-Volkswirt Hermann Lauer, Saarbrücken;
Thomas Faller, Mannheim; Alexander D. Mitsch, Mannheim;
Hans Bichelmeier, Mannheim; Susanne Eisler, Campione;
Sigrid und Heinz Faller, Heusweiler;
Thomas Sponticia, Redakteur, Saarbrücken;
Iris Neu, Saarbrücken; Bernd Hammer, Mannheim;
Manfred Regitz, Saarbrücken; Frank Farian, Produzent Miami;
Uli Grundmann, Homburg; Christian Ege, Saarbrücken;
Jaques Renard, Saarbrücken; Dipl.- Ing. Rainer Kuhn, St. Wendel;
Gerlinde und Klaus Bouillon, Bürgermeister St. Wendel;
Beate und Hans-Joachim Fontaine, Oberbürgermeister Saarlouis;
Prof. Dr. Joachim Hertel, Friedrichsthal;
Helmut Kruppke, Saarbrücken; Georg Mehl, Stuttgart;
Karin und Rüdiger Maul, Dillingen;
Börsenzeitung, Effektenspiegel, Handelsblatt, Pirmasenser Zeitung,

Aktien à la carte

Saarbrücker Zeitung, Die Rheinpfalz, Kölner Rundschau,
Kölner Stadtanzeiger, Background, Stuttgarter Zeitung, Frankfurter
Allgemeine Zeitung, Süddeutsche Zeitung, Tegernseer Zeitung;
Dr. jur. Michael Frenzel, Hannover;
Anne-Gret und Jürgen Goldelius, Neustadt/Weinstraße;
Rolf Ganz, Bischmisheim; Bonner Generalanzeiger, Dr. Julian Stech;
Martha Adam, Saarbrücken; Claudia Dorn, Saarbrücken;
Heike Erlenbach-Paul,Saarbrücken;
Ingrid Britz-Averkamp, Saarbrücken;
Dipl.- Psych. Veronika Bandel, Lening/Frankreich;
Erwin Gries, Rottach-Egern; Arno Krause, Saarbrücken;
Marie-Elisabeth Denzer, Saarbrücken;
Ralf und Berthold Lambert, Schwarzenholz;
Christof Müller, Sulzbach; Karin und Paul Trampert, Neunkirchen;
Ingrid Martin und Dipl. Finanzwirt Gregor Martin, Heusweiler;
Erika und Peter Krüger, Hemfurth-Edersee;
Heike und Gustav Fisselbrand, Heusweiler; Marco Kany, Frankfurt;
Fritz Michaelis, Heusweiler; Hanno Thewes, Saarbrücken;
Dr. Ismail, Ostende; Armin Gröger, Stuttgart;
Heinrich Hänle, Stuttgart; Hans-Jürgen Koebnick, Saarbrücken;
Hans-Georg Burkhardt, Saarbrücken; Dietmar Franz, Saarbrücken;
Peter Butterly, Köln; Manfred Schmidt, Baldham;
René Schmidt, Saarbrücken; Heiko Aust, Niendorf;
Dipl.- Ing. Georg Schroeter, Hamm; Gerhard Malburg, Saarbrücken;
Ralf Trebes, Merzig; Peter Meyer, Püttlingen;
Prof. Dr. Dr. Gerd Wehner, München;
Prof. Dr. Wolfgang Harbrecht, Nürnberg;
Dr. Thomas Weizenfelder, Stein;
Dipl.-Kfm. Dr. Klaus-Ulrich Schellberg, Stein;
Prof. Dr. Antonin Mestan, Freiburg;
Dr. Dipl.-Ing. Manfred Paulus, München; Josefine Günter, Eppelborn;
Prof. Dr. Bernd Guggenberger, Hamburg;
Gertrud Frohburg, Mannheim;
Gertrud und Cornelius Hauck, Fahrgastschifffahrt Bostalsee;
Prof. Dr. Henning Kagermann, Hockenheim;
Prof. Dr. Alexander Pocsay, Saarbrücken;
Prof. Dr. h.c. Hasso Blattner, Schriesheim/Altenbach;
Prof. Dr. Heinz Steinmüller, München;
Prof. Dr. Dr. theol. Robert Ebner, Bayreuth;

Aktien à la carte

Prof. Dr. Helmut Lukesch, Regensburg;
Priv. Doz. Dr. habil. Siegfried Höfling, München;
Prof. Dr. Hans Werner Holuth, Innsbruck;
Dr. Veronika Eberharter, Innsbruck;
Dr. Hans Jürgen Heppel, München; Dr. Norbert Leineweber, Hof;
Elmar Haug, Freudenstadt;
Prof. Dr. Dr. h.c. mult. August Wilhelm Scheer;
Prof. Dipl.-Ing. Bruno Eng, Berlin; Prof. Andreas Baltes, Saarbrücken;
Prof. Dr. Dr. Günter Brill, Saarbrücken;
Wirtschaftsprüfer Jürgen Becker, Saarbrücken;
Prof. Peter Bähr, Saarbrücken;
Prof. Franz Becker, Saarbrücken;
Prof. em. Dr. Dr. h.c. mult. Günter Wöhe;
Prof. Hans Herbert von Arnim;
Prof. Dr. rer. nat. Matthias Brunner, Saarbrücken;
Klaus-Peter Bechter, Saarbrücken;
Prof. Klaus J. Schmidt, Saarbrücken; Hans Naumann, Heusweiler;
Dipl.-Wi.-Ing. Volker Deibert, München; Dr. Dieter Nubert, Stuttgart;
Stefanie Grüter, Köln; Bernard Challand, Dillingen;
Erna und Lothar Eisler, Mandelbachtal;
Wolfgang Nau, Baden-Baden; Hartmut Ostermann, Saarbrücken;
Thomas Weibe, Heusweiler; Helga und Georg Braunegger, Heusweiler;
Sabine und Peter Palm, Riegelsberg;
Dipl.-Finanzwirt Heinz Richter, Neuburg;
Dr. C. Dallinger, Saarbrücken; Helmut Fürmetz, Gröbenzell;
Bero und Aaron, Zweibrücken;
Sieglinde und Wolfgang Baron, Völklingen;
Gudrun und Martin Speicher, Püttlingen Bürgermeister;
Fam. Friedrich Schütz, Waldeck; Klaus Meiser, Qierschied;
Party-Service Christ, Saarlouis; Fam. Holzer, Saarbrücken;
Heinz Schubert, Saarbrücken;
Dr. Martina und John Thompson, Hengstbach;
Viola und Werner Schmeer, Neunkirchen;
Dr. Sylvia Martin, Saarbrücken; Ute und Fritz Mauss, Zweibrücken;
Michael Grabenströer, Budenheim; Rudolf Heinz, Frankfurt;
Dr. med. Winfried Lubos, München; Sabine Müller, Saarbrücken;
Peter Klär, St. Wendel; Heinz Hoffmann, St. Wendel;
Prof. Dr. phil. Guido König Sbr./ Eindstraat; Rudi Nieren, Hasborn;
Hans Grün, Saarbrücken; Eberhard Knebel, Wiesbaden;
Dipl. Volkswirt Siegfried Hofmann, Speyer;

Aktien à la carte

Prof. Dr. jur. Bernd Richter, Saarbrücken/Wiesbaden;
Dr. Martin S. Reuber, Wesseling; Dr. Werner Blumenthal, Wesseling;
Viviane Shabanzadeh, Saarbrücken;
Dr. Ernst Schneider, Saarbrücken;
Prof. Dr. Dieter Steinmann, Wadgassen;
Renate Talhofer, Saarbrücken / Saint Maxime;
Piervico Berardo, Saarbrücken; Karl Albert, Saarbrücken;
Rechtsanwalt Axel Ulmer, Kaiserslautern; Josef Vollmann, Lebach;
Dr. Peter Gros, Saarbrücken; Jürgen Koch, Saarbrücken;
Dipl.-Ing. Norbert Schneider, Stuttgart;
Dr. Jürgen Albers, Saarbrücken; Saulius Valainis, Bonn;
Florian Dobroschke, Hamburg;
Dipl. Betriebswirt Andreas Künzel, Stuttgart;
Dr. Andreas Schneider-Neureither, Heidelberg;
Wolfram Knabe, Geilenkirchen; Martin R. Neumann, Mainz;
Heidi Schmidt, Saarbrücken; Thomas Kopp, Saarbrücken;
Hans-Eberhard Volkmann, Hochspeyer;
Johannes Kalenberg, Rheinbach;
Dipl.- Volkswirt Anton Frisch, Mannheim ;
Prof. Dr. Michael Zeppezauer, Saarbrücken;
Jürgen Zimper, Kirkel; Wolfgang Martin Boehm, Gran Canaria;
Rechtsanwalt Rainer Butterbach, Saarbrücken;
Dipl.- Braumeister Heino Brand, Saarbrücken;
Ursula Commont, Saarbrücken; Ralf Hell, Völklingen;
Mathias Beck, Homburg; Wolfram Bisplinghoff, Dortmund;
Christa und Werner Staudt, Mandelbachtal; Herbert Beer, Riegelsberg;
Hans-Christoph Bonfert, Homburg; Thomas Bruch, Saarbrücken;
Dr. Gerhard Neufang, Saarbrücken;
Dipl. Kfm. Andreas Blügel, Saarbrücken; Birte Hennig, Flensburg;
Christina Sehnert, Leverkusen; Wolfgang Böhm, Saarbrücken;
Claudia und Marcel Adam, Grosbliederstroff;
Dr. Sylvia Krauß, München; Walter Nitschke, Köln;
Ottmar Feß, Saarbrücken; Hans–Ulrich Wilsing, Köln;
Prof. Günter Niedner, Saarbrücken; Oskar Lafontaine, Saarbrücken;
Dr. Paul Richard Gottschalk, Saarbrücken; Hans-Josef Uder, Orscholz;
Stefan Sepeur, Saarbrücken; Klaus Lauck, St. Wendel;
Karl J. Efferz Pirmasens; Dipl. Kfm. Willi Zimmerling;
Roland Herzog, Spicheren, Frankreich;
Hans Dieter Lorson, Kleinblittersdorf;
Thomas Kohlwey, Saarbrücken;

Aktien à la carte

Ute und Dr. med. Raimund Jung, Saarbrücken;
Peter Müller, Ministerpräsident;
Rechtsanwalt Dr. Norbert Knüppel, Bonn;
Christoph Hartmann, Homburg; Dr. Richard Weber, Homburg;
Anita Girst, Saarbrücken;
Hayo Hoffmann, Oberbürgermeister Saarbrücken;
Max Klopfer, München; Dipl.-Psych. Detlev Staadt, Mainz;
Dr. Michael Jung, St. Wendel; Martina Wenk, Saarbrücken;
Helga Bossung-Wagner, Saarbrücken; Michael Wolf, Saarbrücken;
Dipl. Kfm. Peter Groß, Saarlouis; Stephan Staab, Saarlouis;
Elmar A. Peiffer, Saarbrücken; Siegfried Weder, Kleinblittersdorf;
Egon Lambeng, Saarbrücken; Paul Keßler, Ottweiler;
Rechtsanwalt Dr. André Kowalski, Düsseldorf;
Ingrid Jung, Saarbrücken; Marion Hilgers, Saarbrücken;
Christina Jung, Saarbrücken;
Toni Hoffmann, Saarbrücken-Scheidt;
Peter Gillmann, Saarbrücken; Lars Reiter, Saarbrücken;
Timur Vermes, Köln; Rechtsanwalt Dr. Norbert Knittlmayer, Bonn;
Klaus Peter Engeldinger, Saarbrücken;
Markus Birner, Helmbrechts; Rainer Kremer, Hilden;
Dieter Kussani, Dillingen; Gerhard Pirrot, Saarbrücken;
Jörg Siefert, Homburg; Hans Hückel, Hildesheim;
Otto Vincent, Mandelbachtal;
Jochen u. Nicole Niedermowwe, Saarbrücken;
Dr. Burkhard Jellonnek, Saarbrücken; Michael Behrens, Köln;
Rechtsanwalt Dipl.-Oec. MBA Thomas Ausstmann;
Notar Dr. Heinz Korte, München; Notar Dr. Schelling, Stuttgart;
Friedhelm Becker, Saarbrücken; Dr. Jürgen Kienle, Bad Wildungen;
Thorsten Geson, Dortmund; Jürgen Fliege, München;
Prof. Dr. Matthias Schmieder, Eberswald; Walter Agri, Benidorm;
Prof. Dr. Hans-Wolfgang Platzer, Fulda; Markus Ferber, Brüssel;
Carlos Beckles, Barbados;
Dipl.-Ing. Friedhelm H. von Aprath, Mühlheim; Diethart Goos, Bonn;
Prof. Dr. rer. nat. Horst Kreiskott, Wachenheim;
Frits van den Hoogen, Benidorm; Lydia Schuh, Saarbrücken;
Alfred Fontaine, Saarbrücken; Hanns Hofmann, Blieskastel;
Prof. Dr. Kurt Mehldorn, Saarbrücken; Toni Prinz, Saarbrücken;
Bruno Sorg, Saarbrücken/Teningen;
Prof. Dr. Wladimir A. Gandelmann, Moskau;
Helga und Klaus Kempe, Köln

Aktien à la carte

Ingrid Peters, Saarbrücken; Manfred Aernecke, Wachenheim;
Prof. Dr. Otto Klimminisch, Regensburg;
Prof. Dr. Reinhard Zippelius, Nürnberg; Eckhard Türk, Mainz;
Prof. Dr. Dr. h.c. Walter Schmitt Glaeser, München;
Hans Dieter Metz, Saarbrücken; Eberhard Uhlmann, Luxemburg;
Nick Reh, Trier; Dr. Adolf Huber, Wachenheim;
Dr. Dr. Claus Sy, Würzburg; Dr. Bernd Hübinger, Bonn;
Prof. Dr. Hermann Ammon, Bamberg;
Prof. Karl-Heinz Olbert, Würzburg; H. D. Genscher;
Dr. Herbert Ebertz, Köln;
Prof. Justus Frantz, Hamburg; Fred Kogler, München;
Prof. Dr. K. Peter Mailänder, Stuttgart; Friedhelm Raber, Heusweiler;
Monika und Martin Wendel, Heusweiler;
Susanne Wendel, Heusweiler;
Brunhilde und Otto Renner, Heusweiler;
Monika und Werner Kratz, Heusweiler; Erich Weibe, Heusweiler;
Heidi und Horst Klein, Heusweiler;
Fam. Otto-Klaus Krieger, Heusweiler;
Walter Kirchschlager, Heusweiler; Harald Klyk, Püttlingen;
Alfred Schramm, Heusweiler; Jürgen Freitag, Heusweiler;
Manfred Fuchs, Mannheim; Dr. h.c. mult. Hans Imhoff, Köln;
Erwin Conradi, Metro; Klaus Wiegand, Köln;
Karl-Walter Freitag, Köln;
Heidi und Richard Mayer, München; Karsten Trippel;
Dr. Heinz Korte, München; Werner Folger, Freising;
Krüger Druck+Verlag, Dillingen; Dr. Uwe Tillmann, Memmingen;
Klaus Fiebich; Anneliese Hieke; Dr. Jürgen Strube, Ludwigshafen;
Arno Menzel, Braunschweig; Jan Hofer;
Manfred Sexauer, Saarbrücken; Andreas Krüger, Dillingen;
Helmut Weisgerber, Dillingen;
Dr. Peter Gros, Saarbrücken Commerzbank;
Hilde Thiessen, Saarbrücken; Dr. Walter Deuss, Düsseldorf;
Wolfgang Urban, Düsseldorf;
Prof. Dr. Dietmar Werner, Neustadt/Weinstraße;
Dipl. Kfm. Peter Schubert, Heddesheim;
Ray Carell, Bensheim; Dipl.-Kfm. Peter Neufang, Saarbrücken;
Gerhard Mayer, Karlsruhe; Robert Seitz, Pirmasens;
Ralf Rothaar, Pirmasens; Prof. Dr. K. Peter Mailänder, Stuttgart;
Herbert Reh, Leiwen; Helmut Schroer, Trier, Oberbürgermeister;
Curtis E. Moll, Cleveland, Ohio/USA;

Aktien à la carte

Dieter Kaesgen, Cleveland, Ohio/USA; Christoph Böhr, Trier;
Dr. Erwin Widdau, Trier; Peter Janssen, Saareguemines/Frankreich;
David J. Hessler, Cleveland, Ohio/USA;
Jürgen Schillo, Saarbrücken-Dudweiler; Günter Ogger, München;
Ulrich Wickert, Hamburg; Jürgen E. Schrempp, Stuttgart;
Jürgen Dormann; Heinrich von Pierer, München;
Heidrun und Stefan Klinkhammer, Saarbrücken;
Sabine Sauer, Saarbrücken;
metty Krings, Flaxweiler, Luxembourg;
Renate und Heinz Regitz, Saarbrücken; Brigitte Folz, Rehlingen;
Rainer Ulmke, Kaiserslautern; Peter Prinz Wittgenstein, Düsseldorf;
Claude Villeroy de Galhau, Wallerfangen;
Martina Rogalewski, Gran Canaria; Edith Lau, Marbella;
Karl-Heinz Rott, Kleinblittersdorf; Dr. Herbert Klein, Güdingen;
Foto Kiefer, Saarbrücken; Wolfgang Klauke, Saarbrücken;
Dieter Moll, Benissa (Provinz Alicante);
Becker & Bredel, Saarbrücken; Wendelin von Boch-Galhau, Losheim;
Uli und Petra Barbian, Riegelsberg;
Hans-Hugo Braumann, Mettlach; Elke Fischer, Mettlach;
Günter Barhainski, Saarbrücken; Klaus Ruttmann, München;
Siegfried Kaske, Blieskastel; Bernd Hammer, Mannheim;
Jutta und Bernd Wegner, Riegelsberg; Hildegard Trapp, St. Wendel;
Doris und Horst Dalhauser, Zweibrücken; Peter Hans, Neunkirchen;
Doris Pack, Saarbrücken; Friedhelm Fiedler, Saarbrücken;
Hans Ley, Saarbrücken; Gerd Meyer, Püttlingen;
Jo Leinen, Köllerbach; Martin Karren, Saarbrücken;
Robert Weis, Homburg ; Notar Dr. Eberhard Klein, Saarbrücken;
Hannemarie und Willi Voss, Benidorm;
Christiane und Dr. Bernd von der Felden, Saarbrücken;
Uwe Bongers, Saarbrücken; Roland Rolles, Saarbrücken;
H. D. Bach, Telgte; Ludwig Hoffmann, Saarbrücken;
Roswitha und Julius C. Schmidt, Saarbrücken;
Christoph Schröder, Staatskanzlei, Saarbrücken;
Dipl.-Betriebswirt Herbert Rauber, St. Wendel;
Jürgen Koch, Saarbrücken;
Rüdiger Göttert, Staatskanzlei, Saarbrücken;
Bernd D. Hummel, Pirmasens;
Prof. Dr. med. Anton Haass, Homburg; Willi Zeyer, St. Wendel;
Christoph Schröder, Illingen; Werner Theis, Illingen;
Steigenberger AG; Dorint AG; Norden-Frisia-AG; F & G AG;

Aktien à la carte

MVV Energie AG; Sektkellerei Schloss Wachenheim AG; Siemens AG; AHAG AG; Park& Bellheimer AG; DBV-Winterthur Holdung AG; Pro 7 SAT 1 Media AG; Südzucker AG; IVG Holding AG; TAG Immobilien-Beteiligungs-AG; Done-Projekt-AG; Douglas AG; Vodafone AG; Vodafone Group PLC SHARES; Stollwerck AG; net AG; SAP AG; Deutsche Telekom AG; Beate Uhse AG; Condomi AG; Achterbahn AG; Köln-Düsseldorfer Rheinschifffahrtsgesellschaft AG; Bayer AG; V&B AG; Infor Business-Solution AG; IDS Scheer AG; Praktiker AG; MTD AG; Neufang Brauerei AG; Orbis AG; Horten AG; Massa AG; Kaufhalle AG; Deutsche Bank Saar AG; Wasgau AG; Mannheimer Holding AG; ARD; ZDF; RTL; Saarländischer Rundfunk; SWF, Baden-Baden; Bonner Depesche; ntv; WAZ; NBC, London;

hunderten von Stimmkartenzählern, Notaren, Rechtsanwälten, Wirtschaftsprüfern, Mitarbeiterinnen und Mitarbeitern im Backoffice und an den Eingangskontrollen, die direkt und live handeln müssen. Danke auch den Wirtschaftsredakteurinnen und -redakteuren für die jederzeit faire Berichterstattung. Ich weiß, es ist nicht immer einfach mit mir. Es soll auf diese Weise ein offener Dank sein, der hier und da ein wenig zur Versöhnung auffordern will und auch ausdrücken soll, welchen Vorbildcharakter Einzelne für mich haben. Die Aufzählung ist mit Sicherheit nicht vollständig. Dabei bitte ich bei denen um Nachsicht, die mir nicht spontan eingefallen, mir aber dennoch in bleibender Erinnerung sind.

Ich wünsche Ihnen, daß Sie mit Hilfe meiner Anregungen mit Aktien „erlebnis - reich" werden.

Vielleicht sagen Sie mir ja eines Tages:

Bon appetit und
bon profit mit dem
Prädikat
„Aktien à la carte"

Freuen Sie sich auf weitere Ausgaben von:

Deutschlands tollsten Aktionärstreffen.

Ein Gourmetführer renommierter AGs. Wo sonst Garderobe und Parken mehr kosten als die Aktie, die als Eintrittskarte genügt.

„Aktien à la carte"

und

Der kritische „Klein"- Aktionär

Rechte, Chancen, Möglichkeiten der Aktionäre

erscheint demnächst
im gleichen Verlag

Aktien à la carte

Stichwortverzeichnis erwähnter Aktiengesellschaften

Seite

Steigenberger AG 11, 73

Dorint AG 18, 21, 73

Norden-Frisia AG 16

F&G AG 18

MVV Energie AG 18, 188, 190

Sektkellerei Schloss Wachenheim AG 18, 177

Siemens AG 18, 173

AHAG AG 18, 34, 130, 134

Park & Bellheimer AG 18, 21

DBV-Winterthur Holding AG 18

Pro 7 SAT 1 Media AG 18

Südzucker AG 19

IVG Holding AG 19

VALORA Effekten Handel AG (VEH) 19

TAG Immobilien-Beteiligungs-AG 19

Done-Projekt-AG 19

Douglas AG 20

Vodafone AG 20

Vodafone Group PLC SHARES 20

Stollwerck AG 21

net AG 22

SAP AG 24

Deutsche Telekom AG 53

Beate Uhse AG 55

Condomi AG 55, 57

Achterbahn AG 55

Köln-Düsseldorfer Rheinschifffahrtsgesellschaft AG 57

Aktien à la carte

Bayer AG 77
V&B AG 100, 107, 146, 151, 159
Infor business-solution AG 111, 146, 151, 153
IDS Scheer AG 116, 121
Praktiker AG 23, 125, 146, 151
MTD AG 37, 39, 129, 146, 151
Neufang Brauerei AG 37, 39, 56, 133, 146, 151
Orbis AG 137, 146, 151
Horten AG 139, 146, 151
Massa AG 141, 146, 151
Kaufhalle AG 143, 146, 151
Deutsche Bank Saar AG 31, 37, 145, 146, 151
Wasgau AG 146, 147, 151
Mannheimer Holding AG 164

Die Ratschläge, genannten Kurse, Angaben zu Konditionen von Kreditinstituten, deren Gebühren und u. ä., also mithin alle preislichen und sonstigen wertbestimmenden Angaben in diesem Buch sind von Autor und Verlag sorgfältig erwogen und geprüft, dennoch kann eine Garantie nicht übernommen werden. Zum Teil verwendete Begriffe sind nicht immer im rein juristischen Sinne, sondern auch umgangssprachlich zu verstehen. Eine Haftung des Verlages oder des Autors und deren Beauftragten für Personen-, Sach- und Vermögensschäden ist ausgeschlossen. Abweichungen sind nicht auf mangelnde Aktualität des Buches, sondern auf sich ständig verändernde Verhältnisse und Kursentwicklungen in alle Richtungen zurückzuführen.

Aktien à la carte

Notizen

Aktien à la carte

Notizen

Aktien à la carte

Notizen

Aktien à la carte

Notizen

Aktien à la carte

Notizen

Aktien à la carte

Notizen

Aktien à la carte

Notizen

Aktien à la carte

Notizen